一看就懂的金融学 全图解

郭凤英 ◎ 著

北京理工大学出版社
BEIJING INSTITUTE OF TECHNOLOGY PRESS

版权专有　侵权必究

图书在版编目（CIP）数据

一看就懂的金融学全图解 / 郭凤英著. —北京：北京理工大学出版社，2015.10（2019.6 重印）
ISBN 978-7-5682-1262-5

Ⅰ. ①一… Ⅱ. ①郭… Ⅲ. ①金融学 – 通俗读物 Ⅳ. ① F830-49

中国版本图书馆 CIP 数据核字（2015）第 213638 号

出版发行 / 北京理工大学出版社有限责任公司
社　　址 / 北京市海淀区中关村南大街 5 号
邮　　编 / 100081
电　　话 /（010）68914775（总编室）
　　　　　（010）82562903（教材售后服务热线）
　　　　　（010）68948351（其他图书服务热线）
网　　址 / http://www.bitpress.com.cn
经　　销 / 全国各地新华书店
印　　刷 / 北京市雅迪彩色印刷有限公司
开　　本 / 880 毫米 × 1230 毫米　1/32
印　　张 / 8　　　　　　　　　　　　　　　责任编辑 / 李慧智
字　　数 / 210 千字　　　　　　　　　　　　文案编辑 / 李慧智
版　　次 / 2015 年 10 月第 1 版　2019 年 6 月第 3 次印刷　责任校对 / 周瑞红
定　　价 / 31.80 元　　　　　　　　　　　　责任印制 / 李志强

图书出现印装质量问题，请拨打售后服务热线，本社负责调换

目录

第1篇 金融学概论

你真的了解金融吗 012
不学金融学，后悔一辈子 017
金融风险和金融危机 021
金融学"家族"都包括哪些成员 024
金融学关键词：风险、均衡和资本的时间价值 030

第2篇 货　币

纸币是货币吗 036
货币的产生和发展 041
不可思议的货币规律——劣币驱逐良币 045
信用货币 048
货币都能做些什么 051
采取有效的货币政策 056
揭开神秘的货币制度 061
每年供给多少钞票和金融产品 066

货币的供与求（一）..070
货币的供与求（二）..077
危机——通货膨胀与通货紧缩................................080

第3篇 信用与利率

把自己挣的钱交给"别人"，你放心吗........................086
信用制度及其主要形式..090
如何才能有效地化解信用风险................................095
今天你存钱了吗..098
小小的利率也可以调节庞大的经济吗..........................102

第4篇 金融机构

西方国家的金融机构体系是什么样子..........................108
我国的金融机构体系..112
非银行金融机构..115
能分辨出哪个是商业银行吗...................................118
商业银行做什么"工作".......................................123
商业银行的运行..129

第5篇　金融市场

你"认识"金融市场吗……………………………………… 134
货币市场………………………………………………………… 138
股票市场………………………………………………………… 143
债券市场………………………………………………………… 148
金融衍生工具市场……………………………………………… 152

第6篇　国际金融

国际金融概论…………………………………………………… 158
国际收支………………………………………………………… 161
汇率的制定……………………………………………………… 164
不同国家的汇率是如何计算的………………………………… 167
是谁规定了汇率………………………………………………… 170
既要会赚外汇，也要会管外汇………………………………… 174
西方人对汇率持什么样的观点………………………………… 178
在国外搞金融…………………………………………………… 182

第7篇　金融监管

无规矩不成方圆——金融监管 188
如何开展金融监管——金融监管的理论 191
《巴塞尔协议》 195
在中国，谁可以进行金融监管 198
中国人民银行 203

第8篇　透过金融看世界

给你100万，你会做什么 208
谁将为泡沫经济埋单 210
像巴菲特一样做个聪明的投资人 214
金融可以增加财富，却不能创造财富 218
不靠金融照样可以发财——成功的实业 221

第9篇 网络金融

网络时代的新金融……………………………………………… 226
电子货币——今天你用了没有…………………………………… 233
网络金融在中国…………………………………………………… 240
网络金融使金融业变得更脆弱…………………………………… 247
网络金融路在何方………………………………………………… 251

使用说明书

《一看就懂的金融学全图解》是一本专门为不太懂金融学的读者量身打造的入门读物，全书共分为9篇，每篇4~5节内容。为了能让读者由浅入深、简单明了地掌握这些金融学基本知识，也为了节省读者的宝贵时间，本书在内容上尽量将专业的知识通俗化，在

大标题
每篇都有几个大标题，大标题揭示该篇要学习的知识。每个大标题为初学者揭示了一个知识要点。

前言 引文
对将要学习的知识要点给予简明精要的说明，并对其重要性及其影响因素做说明。

Easy-going
一针见血地指出需要注意的事项，提供一些经验诀窍或相关建议。

图解
为了让读者可以一目了然地理解书中概念，本书运用逻辑拆解法将概念间的关系做成图表分析的形式。

3 信用制度及其主要形式

信用也需要一定的制度进行约束，否则劣币驱逐良币，"不守信用"能轻易将信用驱逐出经济体系。而且，信用要想在实际的金融活动中发挥作用，必须要遵守一定的制度。

▶欠债还钱，天经地义——信用制度

信用本身并不会讲信用，要让信用真正地发挥它的价值，就需要一种制度来对其进行监督、管理，而这种制度就是信用制度。

信用制度有狭义和广义之分。狭义的信用制度指各个国家政府及其相关组织机构，为了保证信用的正常运行，制定的一系列法律、法规。广义的信用制度不仅指由这些法律、法规组成的正式成文制度，还包括那些长时间约定俗成的非正式不成文的制度。在实际生活中，对信用进行道德约束也是重要的信用制度组成部分。

债权人要想方设法求着债务人还钱，这是信用制度不健全的典型结果。

• 信用制度的含义

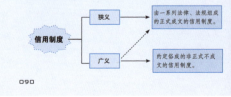

信用制度 → 狭义 → 由一系列法律、法规组成的正式成文的信用制度。

信用制度 → 广义 → 约定俗成的非正式不成文的信用制度。

页面设计上，采用简明的学习化界面，并配以图解来辅助解释复杂的概念。此外，本书还配有大量与正文相关且趣味十足的"小贴士"版块，以及可以扩充知识面的"more"版块，可以让读者阅读兴趣倍增。总之，拥有此书，读者就能轻松了解金融学了。

篇名
全面讲述了金融学所涉及的主要内容，每篇讲述一个主题。

小贴士
每节都有几个与大标题相关的事件或小故事，增加初学者的学习兴趣。

More
对前文无法详细说明的重要内容，在此进行详细说明。

第8篇 透过金融看世界 8

小贴士

泡沫经济导致美国经济大萧条

1929—1930年，是美国经济大萧条时期，原因就在于当时的美国人都致力于投资房产。20世纪20年代，美国建筑业兴起，企业、银行和个人纷纷在房地产上投入重金，导致房价直线上涨。比如，1923年房价为80万美元，1924年就涨了将近1倍，达150万美元，到了1925年更是涨到400万美元。在迈阿密市，平均每3个美国人就有1个专做房地产生意。

1926年，这种泡沫般的繁荣突然破碎，曾经的成功人士或者发疯，或者自杀，或者沦为乞丐，引发了美国经济的大萧条。

人人都买卖股票、债券，人人都等着买卖或出租房屋，人人都将土地闲置等着它升值……股票、债券和土地的市场价格越来越高，甚至高出其自身价值几倍。相反种地的人少了，制作衣服的人少了，生产汽车的人也少了。

由此可想而知，股票崩盘，房地产一落千丈，投入到其中的巨额资金瞬间化为乌有——这就是泡沫经济。

More

区分泡沫经济和经济泡沫

经济泡沫指商品市场价格高于其自身价值的部分，这是金融市场不可避免的，如果控制在一定的范围之内，可以有效地促进金融市场的发展。但是，如果经济泡沫日积月累，最后会质变成泡沫经济，对整个国家经济的发展将产生沉重的打击。

213

第1篇
金融学概论

一般人认为，只有那些企业家、大老板和经济学家才需要和金融打交道，而我们普通人的日常生活和"金融"没有多大的关系。其实，金融就在我们身边。我们去超市花1元钱买瓶矿泉水、坐2元钱的公交车、吃饭时多要了个凉菜，这些都和金融息息相关。

本章教你：
▶ 什么是金融
▶ 金融是什么时候开始出现的
▶ 生活中的哪些现象跟金融有关系
▶ 为什么要学金融学
▶ 怎样轻松读懂金融学

你真的了解金融吗

提到"金融",人们首先联想到的就是"金融危机",因为我们对金融的认识,往往是从新闻中频率出现最高的"金融危机"开始的。其实,金融远远不止这些,学习金融学,首先要从了解金融最确切的内涵开始。

> 什么是金融

金融指货币的发行、流通和回笼,贷款的发放和收回,存款的存入和提取,汇兑的往来等经济活动。

金融是与人类生活息息相关的经济现象。我们把钱存到银行,过段时间再取出来消费,这就是金融;我们用一张人民币兑换成一摞日元,这也是金融。

虽然金融行为时刻都在发生,但是金融这种交易活动本身并没有创造实物价值,而只是在交换价值,可很多人却从中获得了巨额利益。

Easy-going

金融是一种交易活动,金融交易本身并不创造实物价值。

这是因为金融虽然没有为我们创造出具体的实物价值,但是可以让今天的我们花明天的钱。从这个意义上说,金融又是一种将未来收入变为现实消费的交易方式。

金融不会为我们提供柴米油盐酱醋茶,不会为我们生产汽车,也不会为我们建筑几百平方米的大房子,更不会"无中生有"创造价值1角钱的财富。

这就是金融,没有为社会创造真正的实物价值,却可以促进社会财富产生。也就是说,金融对社会经济的发展起催化剂的作用,因为,一个地区、一个社会,乃至一个国家的金融活动的频繁程度,在一定程度

金融的内容

借贷	储蓄
1.贷款的发放与回收	2.存款的存入与提取
资金的流通和交易	**国际金融**
3.市场中货币的发行、流通与回笼	4.不同国家货币之间的汇率与兑现

上反映了这个地区、社会和国家的经济繁荣程度。

小贴士

一条烂鱼的金融故事

有甲、乙两个人，甲花10元从乙手中买来一条鱼，乙再花20元从甲手中把那条鱼买回来，然后甲再花30元从乙手中买回那条鱼。这样如此循环往复，鱼还是那条鱼，甚至已经变成了一条奇臭无比、没有任何价值的烂鱼，但是甲乙两个人手中的财富却因它而不断地增减。

金融的核心

和其他任何经济行为一样，金融有其特殊的核心，是一种跨空间、跨时间的价值交换活动，也就是说，我们在不同的地域、不同的时间进行货币交易，就与金融的核心发生了关系。

一个人在一天内创造了100元的经济价值，然后把这100元储存起来，等第二天或其他什么时间有需要的时候再拿出来使用，购买产品或服务，这就是跨时间的价值交易活动。

比如，而一个人在北京赚了100元，然后拿着这100元，到上海购买所需要的产品或服务，这就是跨空间的价值交易活动：

Easy-going

货币就是跨空间、跨时间金融交易活动的产物。人们不可能把一斤肉、一袋面储存10年，却可以把与一斤肉和一袋面同等价值的货币储存10年，甚至是百年。

表面上看，100元还是100元，但是时间和空间的变化，使这100元的价值发生变化，这就是金融无孔不入的魅力。

在原始经济时代，不会出现商品买卖活动，所以，不可能有金融的出现。因为在当时，人们不需要将价值进行时间和空间的交换，需要什么东西，自己进行生产制造，而不是从市场上购买，但因为生产力的低下，所生产出来的物品都是必需品和稀缺品，因此都有再生产的需求。

经济发展到市场化的今天，所有经济行为都已经打破了时间和空间的限制，即金融无处不在：透支、借贷，到异国消费，已经成为社会生活当中的普遍现象。有的人把自己辛辛苦苦创造的经济价值积攒下来，

金融的核心

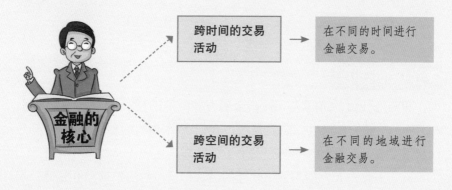

以备不时之需；有的人为了今天的消费而花明天的钱；还有的人在国内获得财富，到国外消费……

▶ 金融的构成要素

金融是一个有机整体，是一个密不可分的庞大系统，但大体是由5个要素构成的，这5个要素分别是：金融对象、金融方式、金融机构、金融场所、制度和调控机制。

Easy-going

金融对象，也有一种观点认为是资金。其实，两者没有什么本质区别，只是在称呼上略有不同而已。

金融对象，也就是进行价值交易活动的客体，这自然非货币莫属，因为一切的金融活动都离不开货币。离开货币谈金融，就好像在没有石油时，谈论内燃机车一样，完全没有意义。

金融方式多种多样，其中，最具有代表性的方式是以借贷为主的信用方式。只有在不断借贷

小贴士

苹果金融

A、B两人卖苹果，每人1天只能卖出50个，后来两人商定互买100个苹果（A买B 100个，B买A 100个）。因此A、B两人销量突然上升，售价从原本的2元涨为5元——泡沫经济产生了。苹果供不应求，A、B两人采用远期购买的方式，即先一次性付款再慢慢地领苹果，甚至发放次级苹果债券——金融介入其中。

突然有一天人们发现购买的苹果太多了，既吃不了也没地方存放，一直保留着会变质，最后选择低价抛售。一时间，便宜的苹果充斥市场，泡沫经济破裂。

和偿还过程中,才会出现价值的交换,金融活动也就由此产生。

金融机构,也就是金融交易活动的主体,换句话说,到底是谁在进行金融交易活动。一般情况下,我们把金融机构分为银行金融机构(比如,中国工商银行)和非银行金融机构(比如,保险公司和信用社)。

金融场所,即金融机构进行交易活动的场所,也就是说,这些金融机构开展金融活动的场所。人们通常将金融场所分为货币市场、股票市场、债券市场、外汇市场和金融衍生工具市场。

制度和调控机制,即对金融活动进行监督和调控等。国家对金融运行的管理由一系列制度构成,对金融的宏观调控则通过货币政策以及金融政策实施。

金融活动很难进行自我约束,必须通过一定的监管机构进行监管,才能保证整个金融活动健康有序地发展。

金融的构成要素

More

借贷需要保证

以借贷为主的信用方式,并不是毫无风险的。很多时候,为了保证借款人能够按时归还本金和利息,一般都会写书面的信用保证书,比如,证明、契约、文书等。必要的时候,还需要第三方的加入,比如,担保人。

不学金融学,后悔一辈子

进入21世纪,"金融"两个字在生活中出现的频率越发的高起来,然而普通人对金融的感觉还是懵懵懂懂的。因为一般人既没有大量的钱进行巨额投资,也不会专门去学习如何在金融市场上赚钱。然而就算如此,不学习金融学,也会让你后悔莫及。

▶错过最快的赚钱方法

可以毫不犹豫地下这么一个结论,金融活动是最快捷的合法致富方式,而不懂金融学,可能一辈子都和这种最快的财富积累方式无缘。

Easy-going

金融投资等于把钱作为帮手,替自己赚钱,这就是俗语说的"以钱博钱"。

一个普通的工薪阶层,如果每个月工资8 000元,除了家庭正常开支,可能每月也就只有留下3 000元的积蓄。假设他工作40年,那么,他一辈子总共可以攒下144万元,而这些钱在北京或者上海还买不下一套房子。

如果他进行初步的理财,即简单地每月把钱存入银行。假设银行的长期存款利率是3%,那么初步估计,他到退休时能够积攒下来的财富是260万元。也就是说,经过简单的金融活动,一个普通的工薪者财产就能实现可观的增值。

如果这个人精通金融学,他每天花上5分钟打理自己拥有的财产,把自己所有的资金投入金融市场,购买股票、债券或者其他各种金融产品,那么在40年后,他的财产总额可能将无法估量。

单从利润回报率来说,金融活动是最快捷也最有效的财富积累方式。

各种经济行业利润率比较

行业	利润率
工业、交通运输、商业	7%~20%
建筑业、房地产开发业	10%~20%
饮食服务业	10%~25%
娱乐业	20%~40%
其他行业	10%~30%

投资任何一个行业，都能根据利润率获得回报，也就是任何一种金融活动都是有利润的。

金融业的平均利润率为每年45%，是各行业最高的。

历史上股票上涨最快的一次，曾经在1天之内增长了47%，即什么都不做，1天之内财富升值了将近一半。

▶避免财产在无意中缩水

2011年美国林肯市一家肉联厂的8名食品包装工，随意合伙凑了5美元购买彩票，结果中了3.65亿美元——美国有史以来最大的彩奖。可是就在人们都为这8位幸运儿欢呼的时候，美国非营利机构——关注家庭（Focus on Family）却发出了"诅咒"的声音：历史统计数据预示，这8个幸运儿将有4个人以上会在一生中输掉大部分幸运之财，而剩下的人会最终破产。

不懂金融理财，即使有再多的财富也会随着时间缩水。很多时候就是不发生这些非正常事件，财富如果不经过金融投资也会不断贬值，这里主要有通货膨胀率、经济发展等原因。

Easy-going

赚钱如逆水行舟，不进则退。财富的特性之一就是无时无刻不在流动，如果不能让它增值，它就会自行贬值。

财富缩水的几大途径

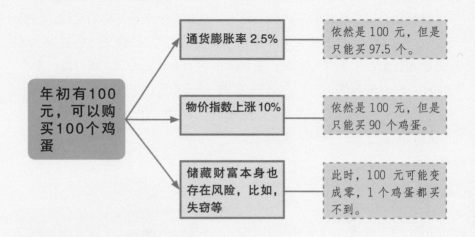

失去创业腾飞的翅膀

所有的创业者都会在初期或者进行某个大项目时面临资金短缺的问题,这个时候创业者如果不放弃自己的梦想,那么就会去筹资,也就是说必然和金融打交道。如果不懂金融学,就很有可能被各种金融投资人把前期的成果吞噬,而如果选择不和金融市场打交道,那么,就只能因为资金不足而放弃创业的梦想。

小贴士

没有聚宝盆的拳王

当年的世界拳王泰森,20多年打遍天下无敌手,为自己挣得了4亿美金。只可惜他只会打拳,不会理财,短短几年的时间,泰森不但花光了所有的血汗钱,还欠了美国税务局1 000万美元。只会挣钱的人,不会发财;只会理财的人,也不会发财;既会挣钱又会理财的人,才会发财。老来穷可不是每个人都希望看到的结果。

金融市场是一个平台。金融通常是指货币资金的持有者和需求者之间，直接或间接地进行资金融通的活动。广义的金融是指资金在持有者之间流动，以余补缺的一种经济行为，这是资金双向互动的过程，包括资金的融入（资金的来源）和融出（资金的运用）。狭义的金融指的就是管理资金，对创业者来说，在金融市场上更容易融资，这也是一个有保障的资金来源地。

创业过程的金融活动

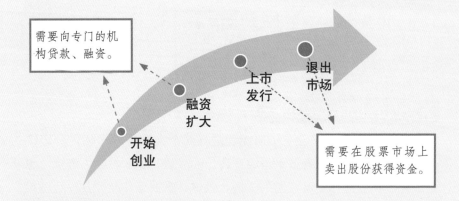

More

大学生创业贷款

为了支持大学生创业，我国政府就涉及融资、开业、税收、创业培训、创业指导等诸多方面给出了优惠条件。大学生如果确定了创业方向和拥有一定的创业能力，就可以向所在地政府提出资金需求申请，经银行认可有效担保后，获得一笔无息贷款。这笔贷款最高可达 50 万元，还贷期限一般为 1 年，最长不超过 3 年。

对创业达一定规模，需要第二轮贷款的，还可提出更高额度的贷款申请。

金融风险和金融危机

经济学中的铁律就是"利益多大，风险就多大"，而金融更是这句话的最好写照。金融市场中，不缺少一夜暴富的神话，也不缺少血本无归的悲剧。学习金融学，走入金融市场，在追逐闪闪发光的财富时，也要时刻警惕金融市场的风险。

❯ 金融有风险

金融投资市场的投资过程是这样的：将自己持有的资金放入市场，然后流入某一个人手中，这个人再把这部分资金投入生产，或者再重新分配进入市场。也就是说，投资的过程中，资本其实不受所有者的控制。这和实业不同，在创业的过程中，虽然也面临着失败的风险，但是资本的使用是可以控制的，即风险是可以得到控制。

当然，如前文所揭示的原因一样，虽然金融投资风险大而且不受控制，但是，在巨大的经济利益回报面前，很多人宁愿冒这个险，甚至一些人对金融完全不了解，也一样不考虑金融风险，糊里糊涂地进行金融交易活动。

当然，这种盲目投资的行为进一步加剧了金融市场上的风险。

Easy-going

马克思说：资本如果有50%的利润，它就会铤而走险，如果有100%的利润，它就敢践踏人间一切法律，如果有300%的利润，它就敢犯下任何罪行，甚至冒着被绞死的危险……

❯ 金融危机

对不了解金融的人来说，听到金融一词就会联想到"危机"一词，可见金融危机的"恐怖"影响早已深入人心。

其实，个人的金融风险扩大和累积就会引起金融危机，也就是说，金融活动的所有风险一点一滴地积累，最后就会形成整个市场无法避免的巨大灾难。

金融危机自有其制度根源。金融活动的存在基础是货币信用机制，一旦金融活动失控，货币及资本借贷中的矛盾激化，金融危机就会爆发出来。经济全球化和经济一体化是当代世界经济的又一重大特征。金融活动的全球化背景下，国际信贷、投资大爆炸式地发展，其固有矛盾的深化，金融危机必然会在那些制度不健全的、最薄弱的环节爆发。金融信贷行为失控、新金融工具使用过度与资本市场投机过度，就会引发金融危机。

▶金融危机的影响力

金融危机的杀伤力基本上能深入到经济生活的各个方面，它可以让

全球金融危机

2007—2011年全球金融危机，这是一场在2007年8月9日开始全面爆发的金融危机，给世界经济带来严重影响，一些国家开始出现严重的经济衰退。

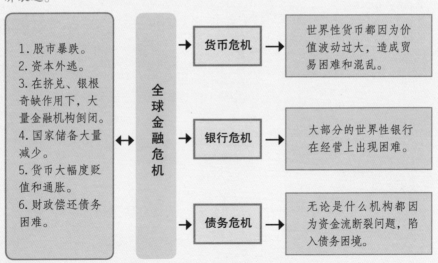

一个家庭破产，可以让一家企业破产，甚至让一个国家破产。

作为孤悬于欧洲大陆之外的岛国，渔业一直是冰岛的支柱产业。冰岛人认为靠捕鱼维生是不可能令国家富有的，所以他们从20世纪90年代以来大力发展金融业。以高利率与低管制的开放金融环境，吸引海外资金。而冰岛的银行也效法其他国际投资银行，在国际金融市场大量借债投资，其中就包括次级按揭资产。在网络经济和经济全球化刺激下，全球经济利好，导致冰岛的银行过分借贷，财务杠杆因此达到了惊人的幅度，总外债规模竟是国内生产总值的12倍。外债总额高达1000亿欧元，相反冰岛央行的流动资产却只有40亿欧元。丹麦银行资深分析师克列斯腾森指出："冰岛的做法更像是个私人投资基金而非政府。"

2007年，美国的次贷危机发生后，冰岛的银行业也受到了损失，由于财务杠杆效应，冰岛银行业根本承受不了这些损失，而储户们的挤兑更加速了他们的破产过程。政府既无力挽救银行业，接过债务之后，也无力偿还债务，只能像私人投资基金一样宣布破产来逃避债务。

了解金融风险

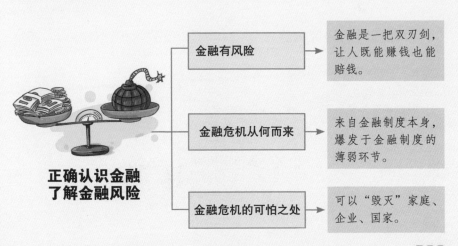

金融学"家族"都包括哪些成员

自金融学从经济学分离出来成为一门独立学科开始,就已经成为一个庞大的"家族"了,这个家族共有5位"成员"。它们是货币银行学、国际金融学、金融市场学、行为金融学和金融心理学。这五个金融学分支各有自己的背景和前途,只有认识它们才能更好地理解金融学。

▶ 货币银行学

货币银行学,顾名思义,就是以货币为主要研究对象的金融学科。

一提到金融,大部分人想到的是奢华的生活、过亿的身家,每秒变动的数据表,每天有几万,甚至十几万的收入——这些通通都离不开钱。所以在金融学的最初阶段,主要就是跟货币打交道,因此货币银行学也就成为这个"家族"的"长子"了。

货币是宏观经济学和金融学最重要的交叉点,其要研究的内容就是在千变万化的金融交易活动中,金融市场、金融机构和宏观经济与货币之间千丝万缕的联系和一般规律。

货币银行学的研究内容

国际金融学

国际金融学,就是对在国与国之间开展金融活动进行研究的学科。国与国之间有的不仅是政治矛盾,更多的是经济合作。

为国家挣外汇、在国外消费、兑汇往来购买外国的国债、国际资本

国际金融学的范畴

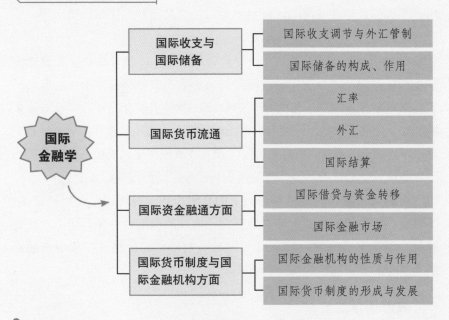

小贴士

到中国吃美国的肯德基

有一个美国大学生经常去吃肯德基,同学们就很诧异:"你在自己国家还没有吃够吗?还天天在中国吃肯德基。"那个美国人回答:"第一是中国的肯德基做得比美国的好吃,第二就是10美元只能在我家那边吃上一块汉堡包,而在中国却能吃上一桶鸡块。"其实,简单的市场抉择行为,都包含着国际金融学的大道理。

的流动等，这些都属于国际金融的范畴。

金融市场学

金融市场学，就是研究市场经济条件下各个金融子市场的运行机制及其各主体行为的学科。虽然相对于其他经济活动，金融对空间的依赖性很低，不过金融市场交易活动同样需要一定的场所，这就是金融市场。不同的金融交易活动，有自己专门的交易市场，比如货币市场、股票市场、债券市场和外汇市场。

金融市场的形态有两种：一种是有形市场，即交易者集中在有固定地点和交易设施的场所内进行交易的市场。在证券交易电子化之前的证券交易所就是典型的有形市场，但目前，世界上所有的证券交易所都采用了数字化交易系统，因此有形市场渐渐被无形市场所替代。另一种是无形市场，即交易者分散在不同地点(机构)或采用电讯手段进行交易的市场。如场外交易市场、全球外汇市场和证券交易所市场都属于无形市场。

而且从本质来说，有形与无形的金融市场没有区别。这也就是说，不管我们千里迢迢、费尽精力地跑到上海或深圳的证券交易场所，还是舒舒服服地坐在家里，毫不费力地开展电子交易，都是在从事金融活动，甚至后者更加快捷有效。

金融市场学的含义

行为金融学

行为金融学就是将心理学尤其是行为科学的理论融入金融学之中。

金融学可不是停留在纸面上的理论，更需要贴近金融实际，用具体的实验数据和心理分析来进行金融交易活动。

行为金融学是相对传统金融学而言的。传统金融学认为，理性投资者往往获得更多的套利机会，但是金融活动中的反常现象反而让很多非理性投资者大发横财。

行为金融学以更接近现实的研究方式，既不会让我们成为理性投资者，也不会让我们成为非理性投资者，而是让我们成为最能赚钱的投资者。

行为金融学主要的研究理论是期望理论和后悔理论，具体来说就是亏损悲伤但是盈利不喜和投资者在投资过程中总出现后悔的心理状态。

举例来说，我们炒股亏损的伤心度比炒股盈利的欢喜度深，换句话说，如果你炒股亏损100元的伤心指数为100，那么你炒股盈利100元的欢喜指数就是50。正所谓"期望越大失望就越大"，我们本来期望亏得更少，因此很伤心，本来期望盈利更高，因为欢喜指数不高。

炒股时股民总处于后悔之中。牛市时，后悔没有提前买入自己看中的股票；熊市时，后悔自己没有抛售股票，提前出局。看到别人手持的股票上涨，后悔当初没有听从专家的意见，后来吸取教训，后悔自己以前持有的股票在抛出后上涨……

分析金融参与者的行为，就是行为金融学的意义。

金融心理学

金融心理学，是研究人们在金融活动中心理的反应和波动的一门学科。在金融活动中，每个人都会表现出不同的心理状态。金融市场的波动，不仅会影响事件本身，还会影响人们对金融的

拥有大众心理学的学位可能比拥有经济学的学位更有助于理解金融行为。

一系列反应。

有的时候，金融心理危机比金融危机更具有破坏性。股票大跌，有的人表现淡定，可从中吸取教训；有的人却要死要活，不是跳楼就是自残。而学习金融心理学，一方面能让自己从容应对各种金融市场上的波动；另一方面也可以通过研究其他投资者的心理来把握投资信息。

著名证券商科斯托兰尼说过："消息不产生价格波动，而价格波动产生消息，无论在巴黎、伦敦还是纽约都一样。一天的交易结束之后，每一个人都在为当天的价格、价格变化或者趋势反转寻找借口，而这些借口是他在两小时之前怎么也想不到的。"

金融市场总会走在我们前面，从心理上预测金融事件往往比评价事后的影响更有用，因此制定一个"晴雨表"非常有用。但是有时候，市场十分不理性，会瞬间与实际脱节，让我们猝不及防，而人们在此时产生的心理大变化就是金融学的研究对象。

2002年诺贝尔经济学奖授予了美国乔治梅森大学的弗农·史密斯教授和美国普林斯顿大学的丹尼东·卡纳曼教授。史密斯教授开创性地建立了一个金融实验室，将实验作为一种工具应用到金融分析中；卡纳

> **小贴士**
>
> **郁金香的大起大落**
>
> 16—17世纪，当时的荷兰参议员赫华特钟情于郁金香，人们纷纷效仿，使得郁金香成为上流社会品位的象征。一时间，郁金香的价格直线上涨，一个小小球茎的价格可买入几吨奶酪。
>
> 很多人都投入到郁金香的买卖当中，甚至有人变卖自己的家产。后来他们意识到，自己除了拥有几朵郁金香之外一无所有，于是郁金香的高价瞬间崩溃，荷兰经济受到严重的创伤。
>
> 这就是1636年发生在荷兰的经济崩盘，有谁知道它的起因只是一位参议员对郁金香的喜好呢？

曼教授则是将心理研究和金融学进行有机整合的第一人。这标志着金融心理学成为金融学的一个重要分支。

金融学大家族

货币银行学 以货币为主要研究对象的学科。

金融市场学 研究金融交易活动场所的学科。

国际金融学 研究不同国家之间开展的金融活动的学科。

行为金融学 将实验和心理研究应用到金融学的一门学科。

金融心理学 研究人们在金融活动中心理的反应和波动的一门学科。

> **More**
>
> ### 金融和心理认知
>
> 金融学虽然分支很多，但是归根结底，它研究的内容主要是在复杂的金融体系中，即金融市场上各种现象的规律。其"家族成员"如金融心理学、国际金融学等，名称的由来就是金融现象的不同方向或者研究金融的不同方法。而在所有的理论中，金融学的主线只有一条——在尽量规避金融风险的同时尽可能获得利益。

金融学关键词：风险、均衡和资本的时间价值

金融学发展到今天已经成了一个纷繁复杂的大系统。当然，如果想要精通金融学，必须长年累月地积累和研究。但是，如果只是需要对金融学做初步的了解，抓住以下三个关键就可以了：所有的金融行为都伴随着风险；金融市场在均衡建立和打破中变化；资本的时间价值是金融的成本。

▶ 当利润大于风险时，人们进行金融投资

风险，有两种含义，广义的是指收益或者代价的不确定性，说明风险产生的结果可能带来损失、获利或是无损失也无获利；狭义的是指损失的不确定性，说明风险只能表现出损失，没有从风险中获利的可能性。

金融市场的风险

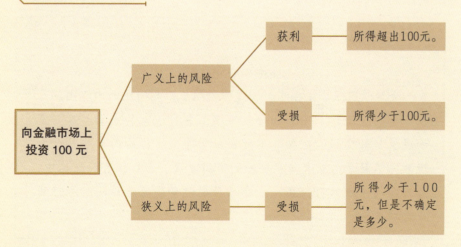

在现代市场中，金融是竞争最为激烈的行业之一，表面上来看，两家金融企业之间是竞争关系，但其实它们是相互依存的，体现出来就是全局性风险。《吕氏春秋》中有这么一句话："夫有以噎死者，欲禁天下之食，悖。"这里体现出来的就是系统性风险，即一个人被噎死，但是风险不会扩散，不会让其他人感受到风险的威胁，而在金融市场上则不一样。

如果某一家金融机构出现故障，那么这就是一个金融市场不安全的信号，这可能导致金融市场大部分的参与者离开市场，市场大范围萎缩，这种风险扩散就是全面性风险。而对金融市场参与者来说，虽然每一个行为都有可能导致血本无归的后果，但是在预期利润的刺激下，他们相信风险是可以控制的，如果判断出利益大于风险，那么金融行为将持续下去——当然这种判断可能是错误的，因为金融市场的不确定性表现得更明显。

小贴士

黑色星期四

1929年10月24日，星期四，人们永远无法想象那一天将会如此疯狂。不知道是谁开始在华尔街金融中心抛售了第一笔股票，这迅速扩展到整个金融市场，当天，894 650股股票被出售，股市跌幅达13%。金融市场上的不信任和风险迅速扩张到整个世界的经济，以美国为例：失业率高达25%，工业生产降幅达55.6%，超过1万家银行倒闭，接近总数的49%，很多金融投资者前1秒还是亿万富翁，下一刻则负债累累。

▶金融市场上供给和需求均衡

在经济学中，均衡指的是一种相对静止不再变动的状态，这种体系就是因为各种参与者在一定程度上相互妥协和对抗构成的。此时，经济

金融市场和一般市场的供需曲线比较

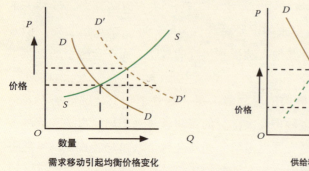
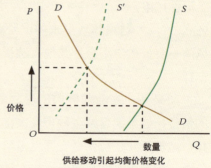

需求移动引起均衡价格变化　　　　供给移动引起均衡价格变化

决策者意识到重新调整资源的配置方式已不可能获得更多的利益，所有的人都不愿意发生改变。而在金融市场中，这种均衡也是同样存在的，但是和一般商品、服务市场供需均衡机制相比，金融市场均衡有明显不同的特点。

第一，供需压力巨大。由于空头机制的存在，套利者可以建立大量的"空头"，从而产生巨大的供给。

第二，参与者不同。在一般的商品和服务市场中，一旦价格失衡，众多的供给者和需求者都会采取行动，但是能带来的供给量和需求量都不多，市场将他们的供给量和需求量集合起来才能推动价格的变化。在

小贴士

金融的恐怖均衡

金融市场上的供给方和需求方都不能随意行动，往往是处于一种恐怖均衡的状态。比如，2009年全球金融风波后，美元的价值下降很多，但是持有大量美元的中国不可能随意抛售美元。因为，如果此时中国抛售美元，那么美元更加危险，美国人会"恐怖"，而这时金融市场上美元狂跌，中国的损失更大，也同样会陷入"恐怖"状态。

金融市场则不同,只要看到获利的机会,从理论上来说,只要一位参与者供给,就可以利用空头机制建立巨大的供给来推动市场的价格变化。

所以,金融市场重建均衡的速度远高于一般的商品和服务市场。

▶所有的收益都要计算时间价值

所有金融行为的收益都是在抛弃时间价值后计入的。

资本的时间价值是指当前所持有的一定量资本比未来获得的相同数量的资本具有更高的价值。在金融市场上,现在的一单位资本和未来的一单位资本的购买力是不相同的,原因就是现在的一单位资本如果进行投资,那就是等于放弃现在的消费,选择在未来进行消费,做出这个带有时间损失的选择,未来消费必定要求获得一部分的"补贴",所以投资在未来取得回报时必然也加上时间损失。

这个时间损失的计算在每个人的心理认知上是不相同的,不过一般来说,都是以银行的利息率标准计算的。我们知道,银行储蓄是承担风险最小的金融行为,其他金融行为的风险更大,所以超过银行储蓄所得才能看成是金融获利,否则就是损失。

More

金融和心理认知

每个人在认识上都是有局限的,主要表现为对现在事物的感知能力较强,而对于未来事物的认识非常模糊,所以人们的一种普遍心理是更加重视现在而不是未来。对未来的不确定,让金融有风险;害怕改变带来未来的不明晰,所以不愿意改变,形成金融均衡;未来模糊和现在清楚中间的差距,就是资本的时间价值。当然,如果一个人能更清楚地认知金融未来,那么,他就是一个成功的投资者。

第2篇 货 币

货币是所有和经济、金融相关项中最敏感的字眼，因为从古至今，每一个人都在想方设法地得到更多的货币——无论是看得见的实物货币，还是看不见的电子货币。市场上流通的货币太多，就会出现通货膨胀；相反，就会出现通货紧缩。为了避免出现一系列的货币流通问题，就需要适时地采取有效的货币政策。

本章教你：
▶货币和纸币有什么区别
▶货币是从什么时候出现的
▶货币只能用来买东西吗
▶高质量的货币就更有优势吗
▶国外实行什么样的货币政策
▶通货膨胀的可怕之处

纸币是货币吗

一提到货币,很多人首先想到的就是装在钱包里的纸币。但是,货币远远不止是纸币那么简单,它还有很多不为人知的秘密,而纸币作为货币的数值表现形式,也有着特殊的价值和意义。

〉什么是货币

"能够固定地充当一般等价物的特殊商品,就是货币。"这是对货币的权威解释。然而,这种科学、严谨的解释,对我们普通大众来说,却显得不是那么适用,因为我们既不是经济学家,也不是金融学家,我们需要的是对货币更直观的理解及其带来的有现实作用的意义。

有关货币更加浅显的解释是:

Easy-going

"货币"二字中"货"从贝,"币"从巾,这是因为贝壳和巾匹都是最早的一般等价物。

小贴士

穷人与富人

有一个村庄被洪水淹没,只有一个富人和一个穷人爬到了高处而幸免于难。富人身上只带有一张银行卡,而穷人却带了三个馒头。在等待救援的两天里,富人忍饥挨饿,穷人却有饭可吃。

等洪水退去,救援人员到来,富人和穷人获救了。富人用自己的银行卡办工厂、搞投资,继续过着富人奢华舒适的生活,而穷人则继续过着辛苦劳累的穷苦生活。

货币其实代表了社会财富,可以用它在市场上购买所需要的任何商品,也可以把货币自身作为商品,进行交易。

在货币不贬值的情况下,对金融决策者来说,目的就是在市场化上获得更多的货币。而对金融本身而言,货币的增加体现的是数值变多,而不是财富变多。

▶纸币是货币,但货币不是纸币

白马是马,但马不一定是白马,同样的道理,纸币是货币,但货币不是纸币,因为除了纸币之外,货币还有其他形式。

纵观中国文字,凡是跟钱有关的字,大部分都有"金"和"贝"。这是因为我国最早的货币主要是"金"和"贝"两种形式。

我国最早的货币是贝,也就是说,当时人们"钱包"里装的不是纸质的货币,而是各种各样的贝壳。要想快速成为有"钱"

Easy-going

世界最早的纸币不是美元、欧元、英镑,而是宋朝时出现的"交子"。

人,就要去海边找贝壳。不过当时文明社会的活动区域离海很远,因而贝壳是稀缺的。

另外还有一种货币形式"金",当时市场上流通的货币是用金属铸造的,比如铲币、刀币、环钱等。这些货币最初是模仿各种器物,这是因为其容易铸造,直到技术成熟后,铸币才变成"外圆内方"。

也有的人直接用金银作为货币,各种各样的金元宝、银元宝在市场上广泛地流通。明代开始,银成为流通货币,所以明代人笔下的宋代梁山好汉才会用白银购物。而清末,中国给外国列强的赔款,赔的不是"一文不值"的纸货,而是珍贵的白银。

货币的发展

贝质货币
- 贝壳

金属货币
- 刀币、铲币、环钱
- 真金纯银

纸质货币
- 人民币、美元、英镑
- 欧元

货币的作用

多亏货币出现,我们现在的经济生活才变得丰富多彩。提到货币的作用,从理论上讲,货币实现了各种不同商品之间的自由交换,大大促进了社会经济的发展。

这点作用从货币的历史中可以看出。在货币没有出现之前,人们实现商品交换是个非常麻烦的过程。比如,A有一只羊,需要一袋盐;B有一袋盐,需要一袋面。A要想从B那里换得一袋盐,需要先从C那里换得一袋面。

如果C不需要羊,而是牛,B不需要盐,而是面,这个交易过程

货币的作用

就无法实现了。

但是有了货币就不一样了，人们只要把所有的必需品都换成货币，一切交易活动就变得非常简单。A用羊换成货币，想要盐就买盐，想要面就买面，想要糖就买糖。

所以，货币最开始的作用就是充当等价物。很显然从上面的过程中，我们发现一般等价物的先决条件就是A、B、C这三者都认同这种东西，并且容易分割——比如，物物交易中，假如A需要一点点盐，而整个市场都没有价值足够值一只羊的盐，则交易就无法顺利进行。而货币的出现则有效地解决了这一问题。所以，随着市场的扩大和交易的频繁，货币的需求就越来越强烈。所以说，货币的出现是必然的。

▶ 货币的层次划分

以前货币只是黄金白银，如今具体形态的货币种类繁多，看得见的、看不见的，纸质的、金属质的等。因此，我们很有必要对货币划分一下层次。

大体上，我们可以把货币划分为两个层次：现金货币和存款货币，因为不管具体的货币是以什么形式出现的，它们不是存在银行里就是在市场上流通。

现金货币，顾名思义，就是在消费者或生产者拥有的纸币和硬币，这些货币以现金的形式在金融市场上流通。目前，我国现金纸币的面值有100元、50元、20元、10元、5元、1元、5角、1角。当然还有分这一级单位，只不过在日常的消费行为中很少用到，不过它依然是法定货币。一般情况下，日常生活中的小额交易大都采用现金交易。

存款货币还可细分为两类：可以通过金融手段直接交易的活期存款

Easy-going

银行卡里的钱虽然可以实时消费，但前提是你得存到银行里。

和不可以直接交易的定期存款。

我们到银行存款往往存活期存款，随时用随时取，也可以通过金融手段直接支付、结算。定期存款就没有那么简单，必须先转化成活期存款或现金之后，才可以进行支付、结算。

货币层次划分

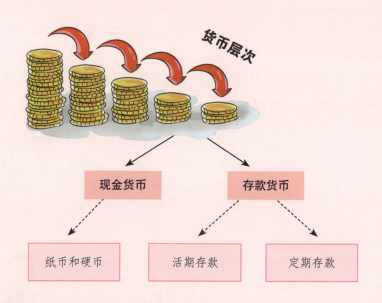

> **More**
>
> **信用卡和"身份"**
>
> 信用卡是新兴的存款货币，这种高层次的事物在20世纪90年代开始在我国流行起来。并且一度持有一张金卡——最高层次的信用卡成了有身份、有地位的象征。

货币的产生和发展

> 从最早的贝，到金属货币，到纸币，再到日益广泛的信用货币，货币的发展也一样充满着很多未解的谜团。特别是在劣币驱逐良币的作用下，货币到底朝哪个方向发展，更是值得人们期待。

▶ 货币的产生

货币是商品交换发展到一定程度的必然产物。也就是说，在原始社会末期，商品交换发展到一定程度，交换不再是偶然的，而且有了小范围的固定性，货币自然而然地就产生了，这不是由某一个人或某一个机构专门发明、规定的。

在很多的书籍中，对货币的产生往往会给出这么一个说法，"货币是商品交换发展到一定程度的必需产物"，但是所谓的"一定程度"是什么程度呢？

"一定程度"就是到了必须使用货币的"危机时刻"，不使用货币就很难进行商品交换。因为，当时已经出现了比较彻底的社会分工，如果不通过交换，猎人就无法获得盐，农民就没有布匹，而手工业者只能饿死。

货币的产生

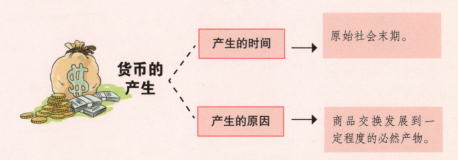

货币的产生
- 产生的时间 → 原始社会末期。
- 产生的原因 → 商品交换发展到一定程度的必然产物。

货币的发展

任何事物都有一个发展的过程,货币也不例外。一般情况下,人们把货币的发展过程分为5个阶段:实物货币阶段、金属货币阶段、代用货币阶段、信用货币阶段和电子货币阶段。

1. 实物货币阶段

实物货币阶段,也就是用某一个或几个特定的商品作为货币的阶段,比如米、盐、木材、家畜、牛奶等。

Easy-going

实物货币的交换价值和它作为商品本身所具有的价值是一样的,否则不能作为实物货币。

这里我们需要注意的是,虽然这些商品作为货币,可以在市场上进行普遍交换,但是它还是商品,仍然可以被交换。换句话说,作为货币的商品身兼数职,既是商品,又是货币。

实物货币虽然在一定程度上促进了商品之间的交换活动,但是其本身具有很多缺陷。实物货币非常笨重,既不方便随身携带,也不易长途运输,而且不能长久储存。

例如,A要想用一只羊去10公里外的B那里换一袋100斤的面,必须牵着这只羊步行10公里到B处,交易成功之后,再背着100斤的面徒步返回。路上如果羊不慎走失,或者装面的袋破了一个大洞,面粉散落出来,就前功尽弃了。当然,在实物货币阶段不存在金融。

基于实物货币的种种不足之处,它渐渐被金属货币取代。

2. 金属货币阶段

金属货币阶段,也就是用贵金属作为货币的阶段。

相对于实物货币而言,金属货币价值较高,既便于运输,又能够长久储存,是最理想的货币之选。伟大的思想家马克思说:"货币天然不是金银,金银天然是货币。"

黄金白银是最理想的金属货币，以前是，现在也是。如今，世界各国都在想方设法地增加本国的黄金储量，阻止黄金外流。金属货币阶段开始出现金融萌芽，比如，我国古代就有人炒铜价或通过金银价格的对比，从和日本的贸易中套利。

金属货币的优点

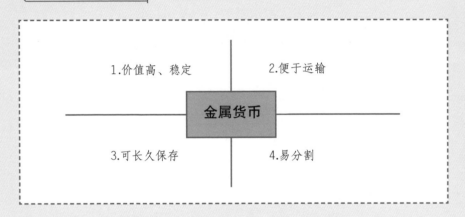

3. 代用货币阶段

代用货币，顾名思义，就是用一种低价值的代用货币来代替高价值的金属货币。

因为金属货币（黄金白银）本身的价值与它的交换价值是相等的，而且在流通的过程中肯定会有所磨损而"缺斤短两"，所以要用一种低价值的代用货币来代替金属货币在市场上进行流通。一般情况下，代用货币是政府机构或银行发行的纸币或银行券。

4. 信用货币阶段

信用货币阶段，也就是使用有很强信用保障的货币的阶段。从形态上来说，信用货币与代用货币没有什么区别——都是纸质货币，只不过信用货币相比代用货币已经脱离了金本位或者银本位的限制，所以才能够在金融市场上驰骋至今，宝刀不老。

我们通常所说的货币其实就是信用货币，即纸币。对于纸币，大家公认的定义是：一国中央银行发行，以一国的权力为保障，强制使用的货币符号。

5. 电子货币阶段

此阶段的产生基于电脑、网络技术的发展。在日常生活中，我们使用的信用卡、银行卡、超市会员卡、公交卡等都属于电子货币的范畴。

虽然我们现在有很多人刷卡消费，但是真正的电子货币阶段并没有到来。但不要着急，电子货币时代在不久的将来就会降临，到时候我们出门不用带厚厚的钱包，带一张两毫米厚的银行卡就可以走遍天下。

货币的发展阶段

1. 实物货币阶段 —— 用某一个或几个特定的商品作为货币。
2. 金属货币阶段 —— 用贵金属作为货币。
3. 代用货币阶段 —— 用低价值的代用货币代替金银。
4. 信用货币阶段 —— 脱离了金银本位的限制。
5. 电子货币阶段 —— 用电子数据代替货币。

More

纸币还需要强制发行吗

纸币还需要强制发行？没错，一国纸币的发行必须要强制执行。如果不强制发行，世界各国的外币和各种各样的假币就会充斥整个市场，严重影响国家的金融发展与稳定。

不可思议的货币规律——劣币驱逐良币

优胜劣汰，是众所周知的自然法则，但在金融货币中，却上演着一种截然相反的货币法则"优汰劣胜"——劣币驱逐良币。这到底是一种什么样的法则？

▶ 什么是劣币驱逐良币

劣币驱逐良币，说得通俗一点，就是在金融活动中，实际价值比较低的货币（劣币）取代实际价值比较高的货币（良币），而在市场上广泛流通。

货币有两个本性：独占性和排他性。也就是说，"一山不能容二虎"，市场上只能流通一种货币，如果两种货币同时出现，最终会有一种货币退出流通领域，而且，退出流通领域的往往是良币。

▮ 小贴士

宋代劣币

很多人都知道中国是最早使用纸币"交子"的国家，其实很少有人清楚交子的全部"命运"。宋代时，政府对四川地区的经济压榨非常严苛，所以四川人没有足够的铜钱使用，他们只能使用价格低廉的劣币——铁钱。随后，一些商家开始发行信用债券交子——比铁钱更低劣，很快交子就占领了四川市场，于是官方被迫承认了纸币。

▶劣币驱逐良币的原因

劣币驱逐良币的原因其实很简单,就是因为良币的实际价值高,而劣币的实际价值低——良币比劣币值钱。

Easy-going

劣币驱逐良币之所以说是假象,是因为从表面上看是劣币驱逐了良币,实质上是良币"驱逐"了劣币。

▶劣币驱逐良币的案例

18世纪末,美国允许金银同时在市场上流通,并规定金币和银币的比价是1∶15,而法国规定金币和银币的比价是1∶15.5。也就是说,一枚金币,在美国可以换取15枚银币,而在法国可以换15.5枚银币。

很快,美国的黄金储量大量地减少,法国的黄金储量却大量地增加。而且在美国市场上流通的绝大多数金币已经被美国人储存起来——目的是去换取法国的银币,而退出流通市场。

为了解决黄金储量不断减少的问题,美国将金币与银币的比价改为1∶16,事情果然发生了改观。很多法国人到美国用黄金换取白银,美国的当地人也用黄金汇兑白银,然后到法国用白银兑换黄金。

其实,劣币驱逐良币的事例不仅发生在金融领域,在日常生活中也比较常见。

为了增强员工的竞争意识,很多企业实行的是职工合作制度,工作效率最差的那个人就会下岗。

通常来说,我们会认为工作效率最差的那个人会下岗,但结果却恰恰相反,留下的往往是工作效率最差的那个人。

原因其实很简单,因为工作效率高的人就算失业,他再找到工作的概率会比较大,所以很多高效率的人不愿意和低效率的人合作工作,会主动选择辞职,去寻找其他的工作。

> **小贴士**
>
> **你选对结婚对象了吗**
>
> 一位是要身材有身材、要美貌有美貌的富二代淑女,一位是相貌平平、能力一般的穷苦女孩子。你会选择哪位作为自己的结婚对象?富二代淑女条件好,相对地,她的选择空间就比较大。就算将来结婚了,另一半也会危机重重,因为她可以选择你,也可以选择别人。而穷苦女孩子就不一样了,由于自身条件的限制,所以她的选择空间就比较小。如果选择她,结婚之后就不用担心她会背叛你而另选他人。

还有,拿我们每天上下班挤地铁、挤公交来说,规规矩矩排队的人辛辛苦苦等几辆车都挤不上去,而那些排队加塞的人却能够抢得"一席之地"。久而久之,那些认真排队的人不再排队,也会加入到加塞的行列中。

在金融市场中,两家公司提供同样的金融产品。一家的产品比另一家的更安全而且回报更好,那么它要求投入更多——这让一部分投资者放弃对该公司的选择,公司本身的利润空间更小——公司放在广告宣传等方面的精力就少,所以最终人们选择质量更次的金融产品,这也是导致保险、股票等行业陷入恶性循环的原因。

劣币驱逐良币的推广

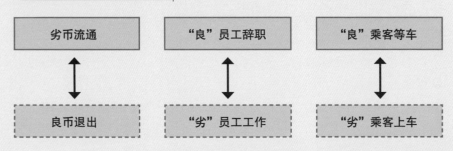

信用货币

做任何事都要讲信用，货币也不例外。如果货币失去了信用，就和假钞没有什么区别。那么，货币的信用从何而来？信用货币又有哪些类型呢？

❯ 什么是信用货币

信用货币不等于信用卡，其实它就是我们平时使用的纸币，之所以称它为信用货币，是因为它是由国家政府或者金融当局发行的，属于强制信用。拿人民币来说，它是由中国人民银行发行的，由国家提供信用保证。

Easy-going

信用货币与金属货币具有相同的交换价值，但两者已经脱离关系，也就是说，我们不能用信用货币去兑换金属货币。

信用货币的价值是发行机构强制赋予的，它本身并没有任何实用价值。比如说，一张100元人民币可以从金融市场上换取价值100元的商品，但是，这张100元人民币本身具有的价值则和从某个杂志上剪下来的纸张相差不大。而且，信用货币所代表的交换价值，有可能由于金融的动荡发生升值或者贬值。

❯ 成为信用货币要具备的两个条件

并不是所有的货币都能成为信用货币。一种货币要想成为信用货币，必须具备两个条件：一是人们对此货币的信心；二是货币发行的立法保障。

并不是任何一家银行发行的货币都可以在市场上流通，在我国，只有中国人民银行发行的货币才可以在市场上流通。道理很简单，因为人

> 小贴士
>
> **货币要"真材实料"**
>
> 汉武帝统一全国货币,改铸五铢钱,而且禁止各郡国私自铸币,要求各郡国上缴以前的货币。五铢钱的成色和重量都有极高的信用保障,私自铸钱根本无利可图。从汉武帝一直到汉平帝,五铢钱一直在商品交换中广泛流通。
>
> 后来,王莽"托古改制",发行了一大批制作精美,但是重量不足的"金错刀",掠夺汉朝旧族势力和普通民众的财富。最终,这次币制改革失败了,也成为王莽新政失败的最重要原因。

们对中国人民银行有信心,对中国人民银行发行的货币有信心。

事实上也有些银行或者机构发行代金券,但因为它们的信用受限制,而且,国家也不许其他任何一种机构发行全国流通的货币。因此,对信用对货币来说,国家保证和信用都是同等重要的。

信用货币具备的两个条件

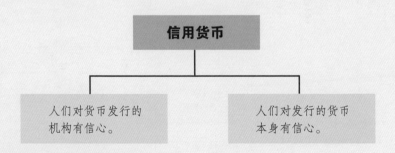

❯信用货币的主要类型

一般情况下,信用货币分为主币、辅币、银行存款和电子货币4种类型。

对于主币和辅币的定义，大部分资料是这样解释的："主币即本位币，是一个国家流通中的基本货币，一般作为一国法定的价格标准。""辅币即辅助货币，是本位币单位以下的小额货币，主要用来供日常零星交易或找零之用。"

拿我们最熟悉的人民币来说，因为我国法定的价格票是元，所以元及以上的单位（如1元、10元、50元、100元）都是主币，元以下的单位（5角、1角、1分）都是辅币。

银行存款，就是我们储存在银行里的货币。银行存款也是信用货币，如果我们不相信银行的话，就不会把自己辛辛苦苦挣的钱交给银行替我们保管了。

电子货币，就是基于计算机和网络技术的货币形式，比如，信用卡、电子钱包等。买东西不用掏钱，只需刷卡，这是最有信用的货币形式。

Easy-going

电子货币是信用货币发展到一定程度的必然产物。在不久的将来，钱包里将找不到纸币的身影，而将被一张张的信用卡取代。

信用货币的主要类型

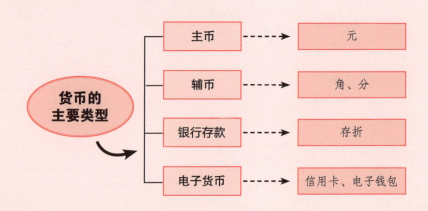

货币的主要类型
- 主币 ------> 元
- 辅币 ------> 角、分
- 银行存款 ------> 存折
- 电子货币 ------> 信用卡、电子钱包

货币都能做些什么

表面上看货币除了可以购买商品外,似乎没有其他的用途。其实货币还可以做很多的事情。除了购买职能外,货币的作用细分起来,可谓神通广大。

▶ 价值尺度

百度百科中是这样解释货币价值尺度的:"价值尺度是用来衡量和表现商品价值的一种职能,是货币最基本、最重要的职能。"其实说得通俗一点,货币的价值尺度职能就是可以用形象的货币数字表示商品抽象的劳动价值。

商品包含了一定的社会劳动,可是要表现这种社会劳动就需要货币执行价值尺度的职能了。

Easy-going

货币执行价值尺度,可以帮助人们在纷繁复杂的不同商品之间进行价值的比较。

需要注意的是,执行价值尺度的货币,必须是实实在在的货币,而且本身具有足够的价值,可以作为商品在市场上流通,比如,黄金白银等贵金属货币。

▶ 流通手段

说到货币的流通手段,并不是说货币在市场上流通就是在执行流通手段了。例如,你给我100元,我再给你100元,只是货币本身在单纯地流通交换汇兑,但并没有执行流通手段的职能。

我们可以出售商品,把商品换成货币,然后再用货币购买自己需

Easy-going

有的观点认为,纸币本身具有流通手段,也有的观点认为纸币只是代替货币执行流通手段,但其本身没有流通手段。

要的商品,这才是真正的流通手段。也就是说,货币以和商品不断交换的形式在市场上流通,才算是在执行自己的本职工作——流通手段。

在当今社会,纸币代替货币在执行流通手段的职能。我们可以用100元的纸币去超市买东西,却不可以像古人一样,用真正的黄金和白银去超市买东西。

贮藏手段

货币不仅可以用来买东西,还可以用来贮藏。对货币的贮藏手段,经济学家是这么定义的:货币退出流通领域,而被作为一种社会财富贮藏起来。

并不是所有的货币都能执行贮藏手段,只有那些现实的货币和足值

小贴士

中国人的贮藏欲望

有一个冷笑话是这么说的,世界上有3种动物喜欢收藏金银,分别是龙、乌鸦和中国人。中国人的贮藏爱好是举世闻名的,特别是那些中国古代的财迷们。

我国南宋时期,有一个将军,通过战功、强取豪夺等手段获得了大量的银子——但宋代时银不是主要流通货币。于是这位将军别出心裁,将所有的银熔化,铸造成一个大银球,并把大银球埋在自己房间里,而且一旦获得新的银,就将这些银块熔化成水,浇铸在大银球上。据说,最后这个大银球重达千斤。这种贮藏的方法,将货币的贮藏作用发挥到了极致,小偷即使进入了藏宝室也无能为力。

的货币才能执行贮藏手段。纸币只不过是一种货币符号，虽然可以在市场上流通，但其本身并没有价值。只有那些具有十足价值的黄金、白银等贵重金属才具有贮藏价值。

当市场上货币的需求量减少时，多余的货币就会退出流通领域而被储存起来执行贮藏手段的职能；当市场上货币的需求量增加时，被储存的货币就会重新回到市场流通环节中。

我们可以把纸币像货币一样贮藏起来，但前提必须是纸币币值长时间稳定。如果纸币币值不稳定，一会儿发生通货膨胀，一会儿发生通货紧缩，那么，贮藏得再多也毫无意义。

支付手段

货币的支付手段，并不是买商品时用货币进行及时支付，而是一种延期支付。其可以被定义为"货币被用来清偿债务或支付赋税、租金、工资等"。

货币的支付手段是一个延伸的职能，它是随着赊账买卖的产生才出现的。也就是说，"先交钱、后交货；先交货、后交钱"，才是货币在执行支付手段，而"一手交钱一手交货"并不是支付手段的表现。

支付手段是商品交换进一步扩大后，市场参与者在交易达成存在着时间和空间上的差距，比如房租，房客肯定希望月底付房租、而房东希望月初。但是房东比房客的信用高——房东的房子在此处。最后月初交房租成为共识。可以看出，货币的支付手段对信用依赖性更强。

世界货币

上文说过，货币是固定地充当一般等价物的特殊商品，同样的道理，世界货币就是在世界市场上可以固定地充当一般等价物的特殊商品。

什么样的货币才有这么大的魅力？当然就是黄金白银了，每一个人都喜欢黄金白银，每一个国家也喜欢黄金白银。我们可以用黄金兑换任何一个国家的纸币，然后在该国购买自己需要的商品。

随着货币的发展和纸币的广泛使用，纸币逐渐代替货币执行世界货币的职能。有一些国家，在世界上具有很强大的经济实力，这些国家发行的纸币越来越为世人接受，在一定程度上可以代替货币执行世界货币的职能，如美元、欧元、日元等。

货币的职能

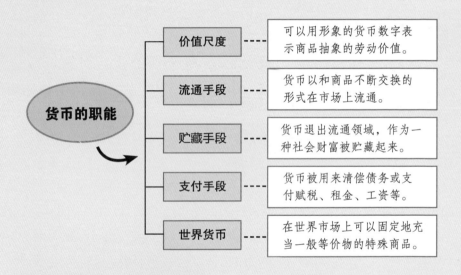

▶货币五种职能的关系

一般认为，价值尺度和流通手段是货币的基本职能，其他3种职能是在商品经济发展中陆续出现的。当然，这种说法虽然解释了5种职能的整体关系，但并没有揭示职能的相互关系。

货币具有价值尺度，可以用具体的数字衡量商品的无形价值，因此在金融市场交易中可以让其发挥流通手段和支付手段的职能，既可以用来购买商品，也可以用来支付、清偿和结算。如果没有价值尺度，货币

货币职能的关系

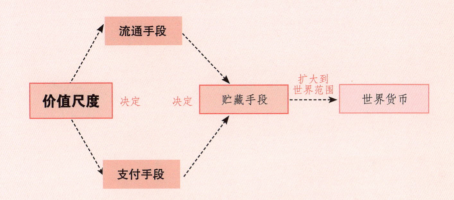

就无法流通、支付,因为我们不知道这件商品到底值多少钱,我们到底应该支付给职工多少工资。

因为货币可以用于流通和支付,我们才会把闲散的资金贮藏起来,等需要的时候再进行流通和支付。没有人会把毫无价值的东西贮藏起来,所以货币的价值就在于它可以取换我们需要的财富。

因为货币的价值,它才会被贮藏。而因为它的价值尺度和流通、支付作用在国际市场上是一样的,因此所有的货币都可以作为世界货币——当然因为发行者实力的不同,世界货币的认同程度会不同。

> **More**
>
> **世界货币的作用**
>
> 世界货币在国际经济关系中扮演着重要的角色。作为一般的购买手段,世界货币可以用来购买外国的商品;作为一般的支付手段,世界货币可以用来平衡国际收支差额。
>
> 除此之外,世界货币还代表着一种社会财富,可以从一国转移到另一国,比如,财产转移、国际贷款和战争赔款等。

采取有效的货币政策

正所谓"无规矩不成方圆",货币也是如此。货币在市场上流通,如果不对其进行有效的管理,那么在劣币驱逐良币的作用下,市场上最终只剩下劣币,将会导致混乱,所以必须要采取有效的货币政策加以控制管理。那么,货币政策到底包括什么内容呢?

▶货币政策的含义

货币政策,有狭义和广义之分。狭义的货币政策是指中央银行采取的控制、调节货币供应量的各种方针、政策,比如利率政策、外汇政策和信贷政策等。广义的货币政策是指中央银行、政府和其他部门在有关货币方面采取的一切金融政策、措施。

也就是说,狭义的货币政策制定者是中央银行,而广义的货币政策制定者除了中央银行,还包括政府和其他有关部门;狭义的货币政策主要是控制、调节货币供应量,而广义的货币政策则是有关货币方面的一切金融措施。

货币政策的含义

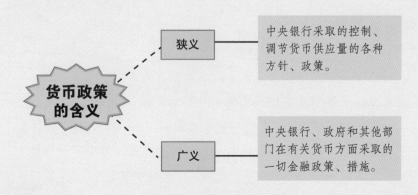

▶货币政策的工具

货币政策的施行必须依靠强而有力的工具,也就是货币性政策工具。要想采取有效的货币政策,必须依靠有效的工具。

货币政策的工具,一般被分为3类:一般性货币政策工具、选择性货币政策工具和其他货币政策工具。

一般性货币政策工具,指的是那些传统性质的、经常使用的货币政策工具。就好像手机上安装的手机QQ,虽然有各种各样型号的手机和与之相匹配的手机QQ版本,但是有一种版本的QQ可以在任何手机上安装运行,它就是通用版手机QQ,而这个通用版手机QQ就如同一般性的货币政策工具。

一般性货币政策工具

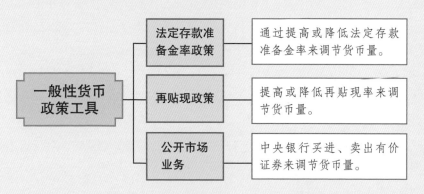

一般性货币政策工具包括3项内容:法定存款准备金率政策、再贴现政策和公开市场业务。

1. 法定存款准备金率政策

法定存款准备金率政策,是指中央银行通过提高或降低法定存款准备金率来对市场中流通的货币进行调节。

法定存款准备金率越高,银行向央行缴纳的准备金就会越多,相应,投入到市场的资金就会越少;反之,法定存款准备金率越低,银行向央行缴纳的准备金就会越少,投入到市场的资金就会越多。

2. 再贴现政策

再贴现政策，是指中央银行通过提高或降低再贴现率来对市场中流通的货币进行调节。

再贴现率越高，用银行汇票从银行兑现的现金就越少，相应，投入到市场的资金就会越少；反之，再贴现率越低，用银行汇票从银行兑现的现金就越多，投入到市场的资金就会越多。

3. 公开市场业务

公开市场业务，是指中央银行在金融市场上，公开买进或卖出有价证券，调节、控制货币供应量。

> **小贴士**
>
> **财富的来源**
>
> 有一村子里的每个人都债台高筑，靠信用度日。这时，从外地来了一位有钱的旅客，他进了一家旅馆，拿出一张1000元钞票放在柜台，说想先看看房间，挑一间合适的过夜。就在这位旅客上楼的时候，店主抓起这张1000元钞票，跑到隔壁屠夫那里支付了他欠的肉钱。
>
> 屠夫有了这1000元，立刻横过马路付清了猪农的猪本钱；猪农拿了这1000元，马上出去付清了他欠的饲料款；那个卖饲料的老兄，拿到这1000元赶忙去付清他召妓的钱1000元；这名妓女拿到钱后冲到旅馆付了她所欠的房钱1000元；旅馆店主忙把这1000元放到柜台上，以免旅客下楼时起疑。此时旅客正好下楼来，拿起这1000元，声称没一间满意的，他把钱收进口袋，走了……
>
> 看清楚了吧，故事中没有这1000元的流通，每个人都债台高筑，有了这1000元的流通，每个人都不欠钱了，也就是说，实际效果是每个人都赚了1000元，还清了债务。

其对货币的调节、控制作用，主要通过货币的替代品——有价证券来实现。很多金融机构都从事证券买卖的业务。无非就是想从中获取利润，但是中央银行对有价证券的买卖，并不是想从中获取利润，而是通过公开市场业务来调节货币的供应量。

如果，市场上流通的货币量过多，中央银行会卖出有价证券让人们购买，从而回收资金；如果市场上流通的货币量过少，中央银行会买进有价证券，从而增加市场中流通的货币量。

除上述在全国市场中"一刀切"的一般性货币政策外，政府还会通

选择性货币政策工具

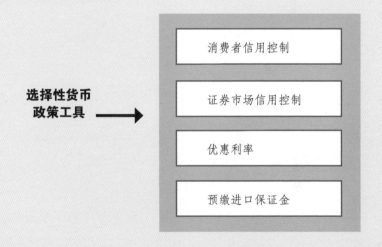

过中央银行有选择地对某些金融机构或行业采取特定货币政策，主要包括以下四项内容：消费者信用控制、证券市场信用控制、优惠利率、预缴进口保证金。

中央银行除了实行一般性货币政策工具和选择性货币政策工具以外，还有一些其他的货币政策工具。其他的货币政策工具包括两项内容：信用直接控制工具和信用间接控制工具。信用直接控制工具又包括直接干预、利率限制、信贷配给、流动性比率等；信用间接控制工具又

包括窗口指导、道义劝告等。

总之，金融市场上，政府会动用各种工具对货币进行监督。

其他货币政策工具

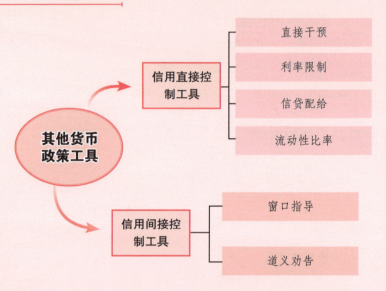

More

再贴现率的计算

再贴现率是相对于贴现来说的。商业银行在自己票据未到期时，将票据折卖给中央银行，中央银行从中收取的利息率就是再贴现率，其高低是由国家政策和票据到期时间长短决定的。

假如工商银行用客户贴现过的100万元的票据，向中央银行抵押。中央银行在接受这笔业务时，工商银行实际获得88万元，而票据到期为180天，那么可得：

再贴现率 = [(100−88)/100] × （1/6） × （100%）=2%

即中央银行对商业银行的再贴现回扣了2%。

揭开神秘的货币制度

> 货币是市场发展到一定阶段的产物,从产生之日起,货币就有着其自有的市场运行机制,而随着政府的监控和介入,货币制度就变得复杂而神秘起来。

▶什么是货币制度

货币制度是国家对货币的有关要素、货币流通的组织与管理等加以规定所形成的制度。完善的货币制度能够保证货币和货币流通的稳定,保障货币正常发挥各项职能。依据货币制度作用的范围不同,货币制度包括国家货币制度、国际货币制度和区域性货币制度。

国际货币体系中,必然会因为某个国家的实力强大,而使其在货币的交换中占据优势地位,这就形成了货币霸主。历史上,在全球化浪潮

小贴士

用香烟做货币

"二战"期间,在某一个纳粹集中营里,流通一种非常特殊的货币——香烟。集中营的生活艰苦程度可想而知,每个人都没有多少生活品,但是每个人都想从其他人手中换取自己想要的物品。

用什么作为交换的媒介?战俘们不约而同地选择了香烟。虽然很多战俘并不吸烟,但是他们相信,用香烟可以换取自己想要的物品——这就足够了。如果把战俘营想象成一个国家,那么它的货币制度的中主币就是香烟,而且虽然缺少某个机构——可能是战俘中的最高军官或者监狱长来制定规则以维护香烟货币制度,但是这依然不妨碍货币制度本质上的实用性。

中，最早充当货币霸主地位的是英镑，随后是美元，到今天，则是几大国际货币相抗衡的体系，不过其中占主导优势地位的还是美元。

值得注意的是，虽然表面上看来货币制度是国家制定，并强制执行的，但事实上，货币制度是市场认同后经过国家法律确定的。比如说，某国家自我规定，发行的1元货币价值约等于1美元，但它国内的购买力不足1美元，那么会出现两种结果：一种是持有这个国家货币的人会尽量将自己手中的货币换成美元，从中套利，这样就有可能引发另一种结果，这个国家规定禁止自己的货币进入国际流通，同时禁止美元进入自己国家的流通领域。

> 货币制度的主要内容

一般认为，货币制度包含四项内容：铸币材料、货币单位、主币和辅币的铸造与流通、准备金制度。

1. 铸币材料

铸币材料，既是货币制度的基础，又是货币制度的首要步骤。铸币材料，也就是决定用什么样的材料铸造本国货币。因为政府不能随意选择任何天然金属打造货币，而会以贵重金属加上其他金属按照特定比例

货币制度

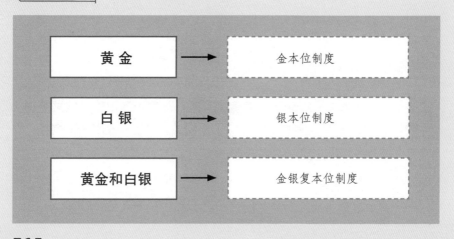

来铸造钱币。

不同的铸币材料，就会构成不同的货币制度。如果以黄金作为铸币材料，构成的就是金本位货币制度；如果以白银作为铸币材料，构成的就是银本位货币制度；如果以黄金和白银同时作为铸币材料，构成的就是金银复本位制度。

2. 货币单位

选择了铸币材料，就要确定货币单位。确定货币单位，不仅要规定货币单位的名称，还要规定它所含的货币金属重量。比如，美国的货币单位名称为"美元"，根据1934年1月的法定，1美元的保证金量为0.88867克；1914年的《国币条例》规定，中国当时的货币单位名称为"圆"，1圆的含银量为23.977克。

国际公认的1货币单位等于100个最小等分单位，比如，1美元等于100美分。

3. 主币和辅币的铸造与流通

主币又叫本位币，既是一国发行的基本货币，也是计量价值的标准货币。辅币小于主币单位的小额货币，主要用于找零或零星交易。比如，我国的主币单位是"元"，1元、10元、100元就是主币，而5角、1角、5分和1分就是辅币。

小贴士

家家都可以"发行"货币

在古代，人们可以把平时积攒下来的碎金或碎银送到冶炼厂，铸造成各种金属器具，如金碗、银碗等，还可以送到铸币厂，铸成金属货币供自己使用。这也就是为什么市场上流通着各种各样的碎金和碎银，因为人们可以把这些碎金和碎银重新铸造成金属货币。

但如果是一张人民币的小块残片，情况则大不相同。因为我们不可能让它在市场上流通。

在金属货币流通的年代，主币在铸造方面可以自由铸造，在流通方面具有无限法偿能力。而辅币在铸造和流通方面却受到很多限制，在铸造方面是限制铸造而不是自由铸造，在流通方面是有限法偿能力而不是无限法偿能力。

4. 准备金制度

准备金制度，也就是通常我们所说的黄金储备制度，即对黄金储备进行收支、统计和核算等的管理制度，而这项制度的执行者往往是各国的中央银行或国库。

世界上几乎所有的国家都在执行准备金制度，而且都在想方设法地增加本国的黄金储备。一个国家的黄金储备越多，在一定程度上说明了这个国家经济实力越强。

我国的货币制度

认为人民币是我国唯一的法定货币，其实这是错误的。我们要明确一点，如今我国实行的不是人民币制度，而是一国两制下的货币制度：在我国内地仍继续实行人民币制度，在香港、澳门则各实行独立的货币制度。

货币制度的内容

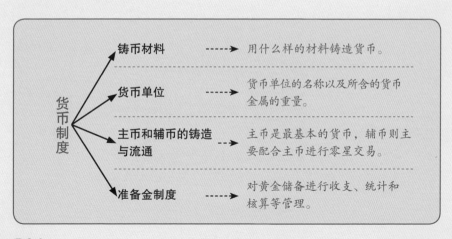

第2篇 货币

如果不加强调，在本书我们提到的货币都是指在内地唯一合法的人民币。而且在内地，人民币才是我国唯一合法的货币。

人民币的发行权集中于中央，中央再授权中国人民银行统一发行人民币。在中国内地，其他任何部门、任何地区都不准许发行任何形式的货币。

Easy-going

人民币的发行机构为中国人民银行，而港币的发行机构为中国银行、汇丰银行和渣打银行3家商业银行。

我国法律规定中国人民银行监管人民币的流通，这种监管通过两方面来实现：一个是现金管理；另一个是工资基金监督。

在流通货币上，我国主币是元，辅币是角、分，并禁止在市场上流通贵重金属，在国际收支上，我国实行的是可钉住的浮动汇率机制。这一点在以后章节中也会解释。

More

五套人民币

1948年12月1日，我国发行了第一套人民币，并按一定比价收回之前解放区的地方性货币。

1955年3月1日，我国发行了第二套人民币，按1∶10 000的比价收回第一套人民币。

1962年4月20日，我国发行了第三套人民币，减少了3元面值纸币的数量，并与第二套人民币等值流通。

1987年4月27日，我国发行了第四套人民币，增加了50元和100元面值的纸币，并与第三套人民币混合流通。

1999年10月1日，我国发行了第五套人民币，取消了2元面值的纸币，转而发行20元面值的纸币。

每年供给多少钞票和金融产品

对人口众多、幅员辽阔的中国来说,每年印多少钞票是一个非常重要的经济学难题。而且金融产品和钞票一样,同样是想印多少就会有多少,即它们的供给是没有限制的,那么,该如何确定钞票和金融产品的供应量呢?这应该从需求入手。

▶ 不能和资源稀缺性抵触

所有的商品如果有用,那么必然是稀缺的,我们已经知道货币或者金融产品都是一种商品,如果想印多少就印多少,那就违背了商品的稀缺性,就是说,它们不再具有价值和吸引力,而成了废纸。

事实上,任何商品都一样,当供给远远超过需求,那么生产的动力

宝石永远稀缺

开采宝石成本提高
大家都有钱,宝石的生产劳动力变贵,不再有人从事挖掘宝石的辛苦工作。

人人变成有钱人
人人能自由购买宝石,一时之间宝石会脱销,需求大增。

宝石利润减少
宝石泛滥,价格下降,利润空间下降,厂家的生产劳动力下降。

供不应求
生产不能扩大反而缩小,需求迅速扩大,市场上宝石供不应求持续。

稀缺性问题不能解决
资源稀缺性是一种资源问题,不是资金(钱)能解决的。

市场中产品消失
由于缺少供货,产品短期内就会在市场中消失。

也就消失了，或者说因为消费的欲望消失了，商品的存在意义也就消失了。金融产品如果无限制供应，当它的市场达到饱和状态，那么，消费不再扩大，继续生产的动力也就消失了。

▶生产力是影响货币发行的根本因素

根本上讲，生产力（决定商品价格总额）决定着一个国家货币发行量。如果国家的货币发行机构超量发行货币，而生产力没有相应增加，即生产出来的商品没有相应增加，这样的话因供求关系，要用更多的钱买货物，这样的货币在国际上看来就是贬值。

货币是政府控制国家经济的一种形式，假如生产力没有相应发展（商品数量没相应增长），老百姓手上的钱就不值钱的，这样的结果是老百姓穷了，买不起东西，进而不利于经济的发展（不利于商品产量的增加）。

小贴士

中国有多少钱

20 世纪 50—60 年代，中国非常的穷困。周恩来总理在国际访问的途中，被一个外国记者刁难："请问中国有多少钱？"面对这种牵涉国家机密，而且说出去还"丢人"的问题，周总理很有外交风度地回答道："88 元 8 角 8 分。"当时中国的钞票包括面额值为 5、2、1 的十元、元、角、分几种。这个回答赢得了满堂喝彩声。

▶货币发行量的计算

货币发行量是指一个国家发行的货币总数，通常包括所有的流通与非流通货币。流通货币也即现金发行量，是指一定时期内发行的现金数量。

计算公式如下：

$$商品流通中所需的实际货币量 = \frac{商品价格总额}{商品流通次数}$$

在货币发行的计算中，因为连续发行、纸币折旧、经济发展预测等因素的影响，纸币实际上的发行并不是这么一个简单的公式就可以计算出来的。所以往往要以货币供应量为基础来计算货币发行量，在经济数据中，货币供应量 M2 余额最为重要，这指的是流通中的现金和银行储蓄的总数。

Easy-going

其实，货币的发展史就是货币供应量扩大的历史。到今天，全人类发行的货币数量足够买下 20 个地球了。

在同一个区域，生产力决定了人口密度、经济水平、市场容量，也因此决定了货币发行的数额。比如，在封建社会时期，生产力低下，经济的容量就小，商品供应总量小，相应所需要的货币数额就小。而随着生产力发展，商品的数额和总量增加，交换的频率和数额增加，因此，要求有更多的货币供应。

货币政策是货币发行量的变化因素

生产力的发展是一个逐渐变化的过程，特别是在生产力较为低下的时代，比如，唐朝和宋朝的生产力水平就相差不大，即使到了今天，也不可能在几年之内，某个国家或者地区实现生产力质的飞跃。生产力的特征也因此决定了在短期内货币发行量不可能增加或者减少过多，而这种小范围内的发行额度变动的决定因素就是货币政策。

假如现在经济出现内部需求不足、社会失业率上升的经济衰退特征，那么政府就会扩大货币发行量，这些货币通过贷款等方式流入劳动者手中，劳动者工资上涨，就会增加消费的欲望，从而扩大需求，让更多的企业因为市场扩大而扩大生产，为社会提供更多的工作岗位；反之，如果出现需求过剩、盲目投资的经济过热现象，那么政府就会紧缩货币政策，这样消费者就能预见到未来时间段消费会比现在更有价值，于是消费减少，生产者就缩小生产，社会资源得到合理利用。

不仅如此，货币供应量的增加还是政府的变相收税行为。假如 A 手上有 100 元，能购买 50 个面包，一个月后，因为国家扩大货币发行量，货币贬值，A虽然还有100元，但是只能买到49个面包。这个过程中，政府就挣了一个面包价值的税。

货币政策和经济发展

金融产品的供应量

金融产品供应量和货币的供应量一样，是由经济大环境，即市场的需求决定的。而且和别的商品不一样的是，金融产品的供给曲线无法给出，因为这种商品的供给弹性不确定，如果金融机构愿意，它可以满足所有人对金融产品的需求。既然供给方面无法固定，那么，金融产品的需求量就更加重要了。

总体来说，假如一个地区的经济总量为100，预期经济增长率为10%，那么今年——不考虑其他因素情况下，人们对在一年内生效的金融产品的需求量是人们收入减去生活需求的量。也就是说，预期经济增长10%，那么，该地的人们对所有金融产品的需求，包括储蓄、保险、风险投资为10。

当然，这个过程是不确定的。人们储蓄欲望的高低、对经济的信心、国家信用程度、消费观念等都会影响金融产品的需求量。不过总体来说，在任何一个高度发达的市场经济社会，金融产品的需求量不会超过货币发行量的10%。

货币的供与求（一）

商品的供应量应该与需求量大体持平，才能促进经济的发展。商品如此，货币则影响更大。货币的"供大于求"和"供不应求"都会给经济带来一定程度的冲击。

▶货币供应与货币需求的含义

一般认为，货币需求指的是社会各阶层（包括个人、企事业单位和政府部门等）在一定时期内，愿意用货币的形式持有财产的需求；货币供给指的是银行系统向各种经济体投入、创造、扩张和收缩货币的金融过程。

货币供应指市场中供应货币的金融活动，货币需求指市场中需求货币的金融活动。

虽然从表面上来看，货币供应在生产上不受限制，中央银行想印多

小贴士

哥伦布为什么起航

欧洲文艺复兴之前，西方科技比较落后，生产的产品相对比较粗糙，无法销往中国；而中国生产的丝绸、瓷器、香料、茶叶在欧洲却十分畅销，于是在中国产品源源不断运往欧洲的同时，欧洲大量的货币（主要是白银和黄金）也就流入了中国。用今天的眼光看，那就是中国对西方的整体巨额贸易顺差。货币短缺迫使欧洲人不得不四处寻找黄金与白银。

正是出于对黄金和白银的渴望，西班牙和葡萄牙积极支持航海事业和开辟直通印度和中国的新航路。

货币供求的定义

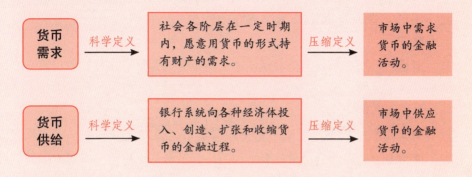

少钞票就印多少,而在需求上,则每个人都想尽可能获得更多。所以,在本节中所提到的供应量和需求量,是在不损伤经济运行的前提下,金融市场所需要的饱和货币量。

➤ "百家争鸣"——货币需求理论

1. 马克思的货币需求理论

关于马克思对货币需求提出的一系列理论都可以用一个公式来说明:

市场中流通的货币量 = 商品平均价格 × 市场中流通的商品量 ÷ 相应货币的流通次数

商品平均价格 × 市场中流通的货币量,也就是商品价格的总额。

市场中流通的货币量,就是市场中正在流通的货币数量,当然,不包括各种形式的储蓄和存款;商品平均价格,就是市场中所有商品的平均价格;市场中流通的商品量,就是市场中正在流通的商品数量;相应货币的流通次数,就是可用于购买这些商品的货币流通次数。

这个公式中包含着很多种情况,我们举一个最现实的例子——物价上涨,来对这个公式加以具体说明。

某种商品上涨,随之所有的商品都跟着上涨,所有商品的平均价格自然而然地也会上涨,即买一件商品所需要的货币量会增加。由于物价上涨,人们就会相应地减少一些不必要的生活支出,而把钱以一定的形式储存起来。每个人花的钱少了,相应货币的流通次数就会降低。

但是,市场中流通的商品量基本上是不怎么变化的,我们假定商品量是固定不变的。那么,由马克思的货币需求量公式得出,市场中流通的货币量就会增加。

如果商品平均价格上涨一倍,相应货币的流通速度降低一半,那么,市场中所需要的货币量就会增加两倍。虽然马克思所提出的方程式在理论上容易计算,但是在实际操作上,商品的流通总量和货币流通次数基本无法得到确切的数据。所以,实际上只能依靠原有的经济统计情况上计算发行货币。

2. 费雪方程式

欧文·费雪是美国著名的经济学家,他也有自己独到的货币需求理论。费雪提出了一个著名的交易方程式:

$$MV=PT$$

为了便于理解,在这里将公式转化为:

$$M=PT/V$$

式中,M(Money)表示市场中需求货币的数量,P(Prices)表示物价水平,T(Trade)表示交易总量,V(Velocity)表示货币流通速度。

从公式中可以看出,市场中需求的货币数量与物价水平和交易总量成正比,与货币流通速度成反比。

这个公式与马克思的货币需求公式大同小异,只是思维方法和入手点不同。我们可以用分析马克思货币需求公式的方法来分析费雪方程式:在交易总量基本不变的前提下,物价上涨,货币流通速度下降,市场中需求的货币数量就会增加。

3. 剑桥方程式

与马克思的货币需求公式和费雪方程式不同,剑桥方程式不是由

货币需求理论

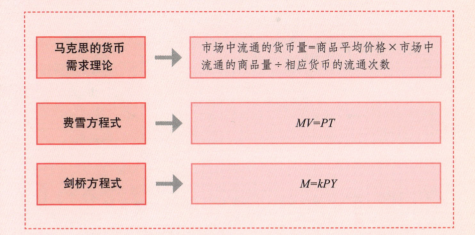

某一个人提出的,而是英国剑桥大学的一些经济学家——马歇尔、庇古等人共同研究的结果。

剑桥方程式:$M=kPY$

式中,M表示货币的需求量,P表示物价水平,Y表示收入总额,PY就表示名义上的收入总额,k表示货币需求量与收入总额的比率,即M与PY的比。

Easy-going

因为收入总额在很大程度上由现金余额构成,所以剑桥方程式又被人们称为"现金余额方程式"。

▶凯恩斯的货币需求理论

凯恩斯是国际知名的经济学家,也是宏观经济学的创始人,美国20世纪大萧条时代经济危机的解除就是依靠凯恩斯的国际干预学理论,这让凯恩斯的学说一度一统经济学界。

凯恩斯认为,与有固定收益但周转死板的货币相比,人们更愿意接受没有收益却周转灵活的货币,所以,凯恩斯的货币需求理论又被称为

凯恩斯的货币需求理论

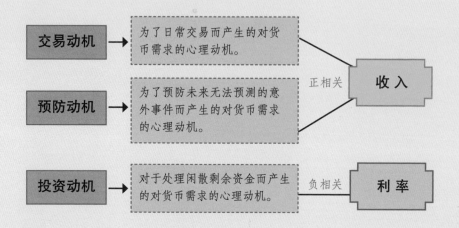

小贴士

经济收入与消费欲望

A 到一家北京网络公司打工，一开始月工资只有 2 000 元。无奈只能选择便宜的合租房，每天挤公交、地铁上下班，吃的也是粗茶淡饭。

后来，A 凭着自己出色的业绩，被公司老板升职为部门经理，月工资飙升至 20 000 元。挣的钱多了，消费的欲望也随之增强。

A 搬出了廉价的合租房，贷款买了一套房子，又买了一辆比较便宜的国产轿车，自己开车上班，还时不时地去比较高档的商场和饭店。

如果将来的某一天 A 被升职为副总经理，他还会给自己的爸爸妈妈买房、买车、买保险，等等。

人的欲望是无穷的，但关键还要看有没有可以实现欲望的经济收入。

"流动性偏好理论"。

凯恩斯认为，人们对货币的持有主要基于3种心理动机：交易动机、预防动机和投机动机。

1. 交易动机

交易动机，指人们为了日常交易而产生的对货币需求的心理动机。说得通俗一点，就是我们需要钱来买东西，而且钱越多越好。

交易动机的货币需求与收入的多少有关：收入越多，这种货币需求就越大；收入越少，这种货币需求就越小。

2. 预防动机

预防动机，指人们为了预防未来无法预测的意外事件而产生的对货币需求的心理动机。说得通俗一点，就是我们需要投资或储备一些钱来防范未来无法预测的事故，而且钱越多越好。

同交易动机一样，预防动机的货币需求同样与收入的多少有关：收入越多，这种货币需求就越大；收入越少，这种货币需求就越小。

道理很简单，买保险的人绝大部分是有钱人，或者是比较有钱的人。月工资一两千元，连自己的基本生活都保障不了，他不可能花钱去买保险。

但一般有钱人，买的保险肯定比不上非常有钱的人。而对占有巨大财富的人来说，保险机构没有能力为其进行保险；所以他们也不会进行投保，因此缺乏动机。

3. 投资动机

投资动机，指人们对于处理闲散剩余资金而产生的对货币需求的心理动机。说得通俗一点，就是将剩余闲散资金进行投资，这是一种用钱挣钱的货币需求。

这可是凯恩斯货币需求理论中的"招牌"理论，将自己的剩余资金投资于债券、股票等，可以在利率的变动中获得可观的收益。

拿债券来说，如果利率提高，债券的价格下跌，人们对货币的需求量就会增大；但是，如果利率提高，债券的价格上升，人们对货币的需求量不会减少。

弗里德曼的货币需求理论

弗里德曼是美国芝加哥大学的教授,他提出的货币需求理论与前几个理论完全不同,他提出的货币需求方程式更是独具特色:

$Md/P=f(Y,w,Rm,Rb,Re,gP,u)$

式中,Md 表示名义货币需求量,P 表示物价水平,Y 表示名义恒久收入,w 表示非人力财富占总财富的比例,Rm 表示货币的预期名义收益率,Rb 表示债券的预期收益率,Re 表示股票的预期收益率,gP 表示物价水平的预期变动率,也就是实物资产的预期收益率,u 表示影响货币需求的其他因素。w、u、Md 三者的关系是不确定的。

弗里德曼的货币理论公式之所以这么有"个性",是因为他对货币需求量的各种因素进行了更加深入的分析。

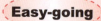

凯恩斯货币需求公式:
$M=M_1+M_2$
M_1 表示交易动机和预防动机,M_2 表示投机动机。

More

千万别认错人

提到马歇尔,很多人首先想到的就是著名的"马歇尔计划",但是他们是完全不相关的两个人。剑桥方程式的提出者马歇尔是英国剑桥大学的经济学家,而"马歇尔计划"的提出者马歇尔是美国前国务卿。

虽然说美国和英国的关系很"铁",但是,在归属方面还是要加以区分的。尽管科学无国界,但毕竟科学家有国别。

货币的供与求（二）

相比于货币的需求来说，货币的供给更容易受到行政干预，所以也更容易引起通货膨胀或通货紧缩，而这些都会引起金融界大灾难。

▶货币层次

在具体讲述货币供给之前，不得不提到一个名词"货币层次"。这是各国中央银行为了进行货币供给，根据本国的特点和需要划分的货币层次。

每个国家都有自己的货币层次，拿我国来说，也有自己独具特色的货币层次：

M_0= 流通中的现金

$M_1=M_0$+ 企业活期存款 + 机关团体部队存款 + 农村存款 + 个人信用卡类存款

$M_2=M_1$+ 城乡储蓄存款 + 企业定期存款 + 信托类存款 + 其他存款

$M_3=M_2$+ 金融债券 + 商业票据 + 大额可转让定期存单等

M_1 是狭义的货币供给量，M_2 是广义的货币供给量，M_1、M_2 就是通常我们所说的货币供应量。

▶货币供给的多倍扩张与多倍收缩

普通商品如果供给过多或者需求过少就会引起本行业商品的供需变化，这是日常所见的市场价格变化，而货币这种商品则不这么简单，供应过多或过少引起的是整个市场的剧变。

1. 多倍扩张

一定数额的货币量，通过一定的供给方式，便可以实现多倍增长。

2

Easy-going

原始存款:人们存入银行的钱。

派生存款:通过贷款、投资等方式,A 银行向 B 银行提供的资金。

假设法定存款准备金比率为20%,A 银行有 10 0000 元原始存款,除去规定的存款准备金 20 000(100 000×20%)元,剩下的 80 000 元全部贷给 B 银行。换句话说,对于 B 银行来说,这 80 000 元就是派生存款,那么 A 银行的资金状况是:

资产(元)		总额(元)
准备金	20 000	100 000
贷款	80 000	

对于 B 银行来说,它要从这 80 000 元中提取准备金 16 000(80 000×20%)元,剩下的 64 000 元作为派生存款全部贷给 C 银行,那么 B 银行的资金状况是:

资产(元)		总额(元)
准备金	16 000	80 000
贷款	64 000	

对于 C 银行来说,它要从这 64 000 元中提取准备金 12 800(64 000×20%)元,剩下的 51 200 元作为存款全部贷给 D 银行,那么 C 银行的资金状况是:

资产(元)		总额(元)
准备金	12 800	64 000
贷款	51 200	

假设到此为止,100 000 元的原始存款经过银行之间的派生存款,已经变成了 244 000 元,也就是说货币的供给扩张了一倍多。

如果,将这种银行与银行间的货币供给方式延续下去,多倍扩张的结果就会变得非常明显。就算是用这种货币供给方式将资金贷到第 n 家银行,派生存款的数额也不会变为零,只会无限制地变小。也就是说,这个过程能无限进行下去。

2. 多倍收缩

也就是货币循环到一定程度后，就丧失继续进行的动力。如果我们将多倍扩张的借贷顺序倒置，就会发生多倍收缩的现象。

假设法定存款准备金比率为20%，某人从A银行取走了100 000元的存款，无奈之下，A银行只能收回贷给B银行的80 000元派生存款。那么A银行的资金状况是：

资产（元）		总额（元）
准备金	−20 000	−100 000
贷款	−80 000	

B银行80 000元存款被A银行收回，无奈之下，只能收回贷给C银行的64 000元钱，那么，B银行的资金状况是：

资产（元）		总额（元）
准备金	−16 000	−80 000
贷款	−64 000	

从中可以看出，由于某人的取款行为，导致银行与银行之间的货币供给关系层层收缩。

▶货币供求的平衡

货币供给与需求要实现平衡，才能最大限度地促进经济的发展。货币供给大于需求，就会发生通货膨胀；货币供给小于需求，就会发生通货紧缩。

对于货币供求之间的平衡关系的认识，要避免两个误区。

误区一：货币供给量与需求量完全相等

在现实的金融活动中，货币供给与货币需求是很难达到完全相等的。我们通常所说的货币供求平衡，只是大体上的一致，即数学上的"约等于"。

误区二：每一次货币供给与货币需求行为都会实现平衡

我们允许在某一时间段货币供给与货币需求之间有较大程度的偏差，只要保证在长期内实现平衡就可以了。

危机——通货膨胀与通货紧缩

通货膨胀和通货紧缩，我们经常听说，无论是前者还是后者，对于一国的经济发展来说都不是什么好事。然而从货币发行计算我们也可得知，货币永远不能和实际需求恰好平衡，金融失误永远在膨胀和紧缩中摇摆。

▶ 通货膨胀和通货紧缩的含义

提到通货膨胀，我们首先想到的是市场中流通的钱太多了；提到通货紧缩，我们首先想到的是市场中流通的钱太少了。

这种说法不能说不正确，只能说不科学，其实，通货膨胀和通货紧缩远远没有我们想象的这样简单。

严格来说，通货膨胀是指货币的发行量远远超过市场中的商品量；通货紧缩是指货币发行量远远低于市场中的商品量。

Easy-going

如果"超过"和"低于"不是"远远"，而是保持在一定的程度、范围之内，就不属于通货膨胀或通货紧缩。

现在我国的物价水平不断上涨，是不是出现了通货膨胀现象呢？这个结论不一定准确！因为通货膨胀和通货紧缩是一个长期的、持续的过程。也就是说，短期内出现的物价上涨或物价下降的局面，并不能确定是否发生了通货膨胀或通货紧缩。

有个别商品会出现暂时的价格上涨或下降，这是正常现象，也不属于通货膨胀或通货紧缩。比如，国庆节或春节，很多商家会实行各种各样的促销手段。对于消费者来说，在这段时间里，物价水平下降了，但这并不是通货紧缩，而是一种正常现象。

通货膨胀和通货紧缩的含义

▶"刨根问底"——通货膨胀和通货紧缩的原因

经济总是处于亚健康状态,我们必须从根源上明白这个缘由。

1. 哪来的那么多钱?——通货膨胀的原因

我们都知道社会总需求远远大于社会总供给就会出现通货膨胀,但具体的实现过程要比这个复杂得多。让我们来举一个简单但不符合现实的例子。

假设企业一年只能生产100辆汽车;

假设市场上只有100辆汽车,没有其他的任何商品;

假设每辆汽车的成本是1万元,售价5万元;

假设生产汽车的成本只包括工人工资。

也就是说市场中需要的货币量是500万元(5万元×100辆),工人的工资就是100万元(1万元×100辆)。

如果市场中的货币量是1 000万元,也就是说平均到每辆汽车上的价格为10万元。相对于之前的5万元来说,售价翻了一番。

汽车的物价上涨,100万元的实际消费水平缩水,工人买不起汽车,就会要求企业提高工资。

迫于无奈,企业提高了工人的工资,生产成本增加。为了保证利润,企业也会提高汽车的售价,然后工人又会买不起汽车。

如果不加以管制,任其发展,就会陷入恶性循环,最终影响整个国家乃至世界的经济发展。

虽然现实中通货膨胀的原因远没有这样简单，但是在本质上是一样的。

2. 钱都到哪里去了？——通货紧缩的原因

通货紧缩可以说是通货膨胀的反义词，不仅钱的数量相反，而且现象的本质也相反。我们还可以用通货膨胀的那个例子进行说明。

所有的假设都不变，只是这家汽车企业引进了一种高新技术，生产效率增加了10倍。本来一年只能生产100辆汽车，现在突然能生产1000辆。

500万元的市场货币量平均到每一辆车上就是5 000元，比之前的5万元少了10倍。但是市场容量只有100辆，剩下的900辆汽车因无法售出只能存于企业的仓库中。

生产过剩，企业就会暂时停产，所有的工人就会因为下岗失去经济收入。"物多必贱"，企业为了能把仓库里的汽车早一点卖出去往往会降低价格，可是人们由于失去经济来源，即使汽车价格再低也没有人买了。

这样，就会形成一种奇怪的现象：一边是汽车价格低廉到与成本相同的水平；另一边是人们没有钱买汽车。如果不加以管制，任其发展，

> **小贴士**

"富得只剩下钱了"

20世纪40年代，国民政府为了弥补因连年战争而引起的财政赤字，滥发纸币，导致当时流通的货币法币充斥市场。1945年，国民政府发行的法币量为3978亿元，短短3年之后，也就是1948年，市场中流通的法币猛增至6 636 946亿元，相当于1945年的1 600多倍。

比如，100元面值的法币在1945年还可以买两个鸡蛋，但到了1948年，500张100元面值的法币才能买一两大米。

当时有人就说："我们富得只剩下钱了。"

经济会停滞不前，甚至出现严重的经济倒退。

通货膨胀与通货紧缩的比较

More

不要"误会"通货紧缩

　　通货紧缩，不是单纯的货币量减少或单纯的生产过剩，而是货币的供给速度低于经济发展速度。如果经济发展速度是2%，而货币供给速度是1%，虽然经济在发展，但是同样会出现通货紧缩的问题。

第3篇
信用与利率

把自己所有积蓄放心地交给银行代为保管,这就是信用;钱存放到银行,银行还会付给我们钱,这就是利率。

可是,钱存入银行,存钱者不支付保管费,还能获得利息,那银行支付这笔利率的资金来自哪里呢?这些都是金融学中的大问题。

本章教你:
▶ 什么是信用
▶ 信用制度有哪些
▶ 利息与利率是什么
▶ 信用的风险在哪里
▶ 如何才能化解信用风险

把自己挣的钱交给"别人"，你放心吗

对一般的工薪族来说，自己辛辛苦苦挣的那么点工资，除了留一小部分供自己日常开支外，其余的绝大部分都会存到银行。做出这种行为的人并不认识银行里的人员，但是依然让银行保管，这就涉及两个字——信用。

▶什么是信用

你是一个讲信用的人吗？无论是或者不是，信用都客观地摆在我们面前。在金融领域，信用实质上就是一种价值转让，但是，这种转让有两个条件：一个是保证还本付息；另一个是价值的所有权没有发生变化。

为了便于理解信用的定义，我们以定期存款为例来进行详细说明。

假设我们在银行存款 100 万元，存期为 5 年，年利率为 2%，5 年之后，我们从银行取出来的钱就会是 110 万元。

我们之所以可以取出 110 万元，是因为这是信用的条件之一：保证还本付息；我们之所以能把存进银行的钱再次取出来，是因为信用的条件之二：价值的所有权没有发生变化，也就是说钱还是"我"的钱，永

信用的含义

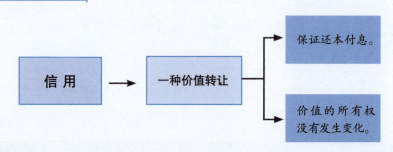

远也成不了银行的钱。

信用有哪些特征

金融高度发达的今天,信用是经济运行的基础。不过要想明确哪些金融行为属于信用行为,哪些属于无信用行为,就先要了解信用的基本特征。

1. 资金的所有权与使用权相分离

比如,储户把钱存到银行,银行会使用这些储蓄款进行贷款、投资,以从中获取利润。这也就是说,银行对储户的存款享有使用权,但不具有所有权。当储户到该银行取钱时,银行必须进行返还,而不能独吞或占为己有。

2. 还本付息

在金融活动中,信用双方都有各自不同的利益。比如,储户把钱存到银行,过一段时间之后,储户到银行取存款时,银行不仅要返还储户本金,还要付给其一定数额的利息。

Easy-going

朋友、亲戚之间的借贷关系,并不是严格意义上的信用。因为虽然价值发生了转让,但并没有产生利息,充其量只是一种信任或者是帮助。

3. 相互信任

通常,我们把贷款人称为债权人,把借款人称为债务人。但是还有一种称呼,债权人又叫授信人,而债务人又叫受信人。

我把钱贷给你,因为我相信你肯定会连本带息地如期归还。有句俗话说得好"有借有还,再借不难"。这句俗语的隐藏意思就是如果债权人对债务人丧失了信用的信心,那么,交易就不能进行。

4. 利益最大化

银行把储户的存款贷给企业,目的是想从中获得收益。从银行的立场来讲,这种收益当然是越大越好,但是受国家法律的约束,银行只能把这种收益控制在一定的范围之内,而不能为所欲为。

但是从银行的主观意图上来说,无论它多么冠冕堂皇地说自己的目的是想帮助那些资金短缺的企业渡过难关,但实现利益最大化才是它真正的目标。

利益最大化并不是指眼前利益最大化。对银行来说,长期获利才是利益最大化,对债权人来说,借贷后偿还本息,获得下次借贷的机会,并躲开债务追究的法律责任,才是利益最大化。

信用的特征

1.资金的所有权与使用权相分离	2.还本付息
3.相互信任	4.利益最大化

▶信用为什么能够存在——信用存在的客观依据

货币有其存在的理由,而信用也有其存在的依据。

1. 资金收益不平衡

同样是生产奶制品的企业,有的在赚钱,有的则在赔钱。赚钱的A企业会出现资金盈余,而赔钱的B企业会出现资金短缺。为了挽回损失,实现收益,B企业就会向A企业贷款。此时,信用就产生了。

也就是说,资金收益的不平衡是信用存在的基础。

2. 经济利益不一致

在金融活动中,无论是作为债权人的A企业,还是作为债务人的B企业,都有各自的经济利益。B企业向A企业借钱,目的是能够继续生产,实现收益;A企业贷款给B企业,目的也是从中实现收益。

这也就是说,无论是债权人还是债务人,其中都有各自的经济利益。

3. 国家宏观调控的"必需品"

市场金融活动总是出现问题，此时就需要国家的宏观调控。虽然国家是一位无所不能的调控者，但它不可能直接进行控制，而是会通过信用杠杆进行调节。

比如说，市场中流通的资金过多，国家就会发生国债回笼过多的资金。难道有比国债信用度更高的债券吗？

信用存在的客观依据

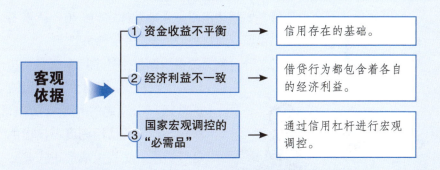

> **More**
>
> **27 美元的 600 多万借款者**
>
> 2006 年，获得诺贝尔和平奖的是一位名叫尤努斯的孟加拉银行家。当年，孟加拉国发生了大饥荒，成千上万的人饿死在街头。孟加拉国有一个小村庄，叫作乔布拉村，村里只有 42 位妇女。尤努斯想："只要贷款 27 美元，就可以让她们购买原材料，然后加工出售，就能解决饥饿问题。"
>
> 于是，尤努斯贷款 27 美元，不仅帮助了乔布拉村脱贫，他还从中获取了利息。然后，尤努斯将这种贷款方式继续发扬光大，在短短的 30 年间，已经拥有 600 多万的"忠实"借款者，当然，他从中获取的收益更是不菲。

信用制度及其主要形式

信用也需要一定的制度进行约束，否则劣币驱逐良币，"不守信用"能轻易将信用驱逐出经济体系。而且，信用要想在实际的金融活动中发挥作用，必须要遵守一定的制度。

▶欠债还钱，天经地义——信用制度

信用本身并不会讲信用，要想让信用真正地发挥它的价值，就需要一种制度来对其进行监督、管理，而这种制度就是信用制度。

信用制度有狭义和广义之分。狭义的信用制度指各个国家政府及其相关组织机构，为了保证信用的正常运行，制定的一系列法律、法规。广义的信用制度不仅指由这些法律、法规组成的正式成文制度，还包括那些长时间约定俗成的非正式不成文的制度。在实际生活中，对信用进行道德约束也是重要的信用制度组成部分。

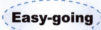

债权人要想方设法求着债务人还钱，这是信用制度不健全的典型结果。

信用制度的含义

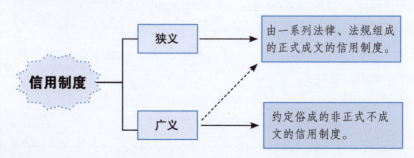

之所以正式的信用制度和非正式的信用制度长期并存在金融活动中，是因为那些成文的法律、法规不可能涉及信用行为的每一个角落。正式的信用法律制度往往有触及不到的地方，只能由非正式的信用制度来弥补、填充。

▶你会还钱吗？——信用形式

一项制度最重要的不是安全与否，而是执行力强弱与否，要想让五花八门的信用制度真正地发挥作用，还要靠一定的形式表现出来，也就是信用形式。

从定义中，我们可以得出信用形式的含义，即各种信用制度的表现形式，也就是通过什么样的信用活动和信用关系来进行金融活动。

赊销和预付是商业信用的基本形式，也就是说，企业与企业之间的商业信用，不是赊销就是预付。

信用形式多种多样，一般情况下，通常把信用形式分成4个方面：商业信用、银行信用、国家信用、消费信用。

1. 商业信用

商业信用，肯定与经商的企业有关。没错，商业信用这种信用形式就发生在企业与企业之间。

A企业向B企业进购一批原材料，但由于资金周转问题，A企业要把这批原材料加工成商品销售之后，才有偿还B企业欠款的经济能力。此时，商业信用就产生了。因为B企业相信A企业，所以才会同意A企业延期还款。

这就是通常我们所说的赊销。

又如，A企业先付给B企业一笔钱，B企业用这笔钱购买原材料进行生产，等商品生产出来之后，再交付给A企业。此时，商业信用产生了。因为 A 企业相信 B 企业，所以才会同意 B 企业延期交货。

这就是通常我们所说的预付。

2. 银行信用

银行信用指的并不是银行与银行之间的信用关系，而是银行为其他的金融机构提供货币贷款，按期收回本金和利息。

在现实生活中，银行信用比较常见，比如，银行向某一家大型企业发放贷款，或者是向某一家事业单位发放贷款，或者是发放抵押贷款等，这些都是银行信用。

银行本身有资金多少，及国有还是私有的区别，一般来说，国有的大型银行因为信用价值高，所以需支付的利息更低。

3. 国家信用

国家主要通过两种方式展开信用活动：公债券和国库券，说得通俗

> **小贴士**
>
> ### "口蜜腹剑"的国际信用
>
> 与其他信用形式不同的是，国际信用往往带有政治色彩。"二战"之后，战败国日本之所以能够快速成为经济强国，离不开美国的经济援助。但是，美国的这种经济援助并不是无条件的——国家利益不存在朋友一说。
>
> 美国援助日本的条件之一就是允许美国在日本建立军事基地。到目前为止，美国不仅在日本驻有数量庞大的陆军、空军和海军，还有一个司令部。当然，这也可以算是两国加深信任的象征。

一点就是国债。

国家出现财政收支不平衡的状况时有发生，有时甚至出现财政赤字，或者为了促进某个项目投资或者拉动国内消费，或者为了缓解政府财政问题，国家就需要用自己的信用发行国债，等财政问题解决之后，

再把钱还给人民。当然，这个过程也是需要像任何金融行为一样支付利息，不过因为国家信用价值高，债权人需要承担的风险小，国债的利息比银行的要高。

4. 消费信用

此消费并非彼消费，以前的消费是一手交钱一手交货，而现在的消费却可以赊销、透支和消费贷款。

消费信用跟国家和企业没有多大的关系，只是银行和个人之间的信用行为。

商业信用里的赊销，通俗地说就是先买商品后付款。没有钱怎么买商品？我们没有，银行有。银行为我们提供资金进行消费，然后再进行定期清算。

透支，就是今天花明天的钱。透支可以促进商品的销售，但是，从长远来看，透支并不适合。因为我们大多数人没有万贯的家财，因此，透支只会给我们带来更大的生活压力。

信用形式

信用形式		
	商业信用	企业与企业之间的信用关系。
	银行信用	银行和其他金融机构提供贷款的信用活动。
	国家信用	通过公债券和国库券开展的信用活动。
	消费信用	通过赊销透支和消费贷款开展的信用活动。

3

消费贷款，就是借银行的钱进行消费，然后可以选择分期付款的方式偿还。

由此可见，如果我们没有固定的高额收入，最好不要进行消费贷款。

> **More**
>
> ### "独一无二"的银行
>
> 在中国建设社会主义的初期，奉行的金融体制是"一家银行，一种形式，一种贷款"。整个国家只有中国人民银行一家国家银行，只有银行信用一种信用形式，只有流动资金贷款一种贷款。
>
> 而且银行贷款的范围特别窄，只限于国有企业和集体企业。当时，一家私营企业要想从银行里贷一分钱，比登天还难。

如何才能有效地化解信用风险

金融中，收益和风险并存，信用机制能更加有效地促进流通，带来巨大收益时也意味着更大的风险。没有人有能力彻底消除信用风险，但人们可以对信用风险进行监管、控制，使信用风险不会危及整个金融活动。

信用有风险

欠债不还就会发生信用风险，而且这样的事时有发生，很显然不可能每个人都能按时按量把钱还给债权人。而在信用社会中，信用的风险更大。比如，借贷方要求随时撤资、银行倒闭、借债人不愿归还债务等。就算是价值最高的国家信用，也会因为货币贬值、政权倒台、经济危机等状况失信于人，这也是有的国家发行债券结果无人购买的原因。

信用体系中，参与者是多方的，如果一方发生信用风险，就会扩散到其他关系中。比如 A 企业向 B 企业借了 100 万元，约定一年归还。一年之后，A 企业以各种理由打发 B 企业，想不还或者少还。当 A 企业再出现资金问题后，向 C 企业借 100 万元，C 企业会借给 A 企业吗？

当然不会，因为 A 企业完全不守信用，借给它的钱越多，C 企业承担的信用风险就越大。

Easy-going

A 欠 B 的钱，B 欠 C 的钱，C 欠 D 的钱……这种连环式的信用风险问题更难解决。

你想化解信用风险吗？——信用工具

要想化解信用风险，就必须依靠一定的信用工具。俗话说"空口无凭，立此为据"。这里的"据"就是双方依照契约精神而签订的票据，这是法律效力维护信用的凭据。

1. 商业票据

商业票据就是企业与企业之间为了避免出现信用风险而签订的凭证。商业票据分为两种：商业汇票和商业本票。

商业汇票的定义是由债权人签发的，要求债务人按期支付款项的凭据。

A企业购买B企业10辆汽车，B企业签发汇票，到其指定的开户C银行，C银行再将汇票传递给A企业开户的D银行，D银行通知A企业付款。A企业签发承兑汇票交给B企业，同时D银行向C银行拨付相应的款项。B企业凭借承兑汇票，可以在C银行领取款项。

这也就是说，A企业和B企业之间的交易，只是"票"与"票"的交易，而具体的资金流通则交给银行处理。

与商业汇票不同，商业本票是由债务人签发的，在规定的时间内支付款项的凭据。

2. 银行票据

银行票据不是发生在企业与企业之间，而是发生在银行与企业或个人之间。银行票据分为三种：银行汇票、银行本票和银行支票。

银行汇票是由银行签发的，可以异地结算、转账和支取现金的凭据。银行汇票将"一手交钱，一手交货"的金融交易方式改为"一手交票，一手交货"，而具体的现金流通则由两地银行协商。

银行本票指由银行签发的，可以无条件到银行支取现金、转账结算的凭据。银行本票分两种：一种是不定额本票，金额一栏是空白；另一

> **Easy-going**
>
> 从性质上来说，本票和欠条差不多，都是欠钱后给出一个凭证，过一段时间后对方再凭票据收钱。

商业汇票流程图

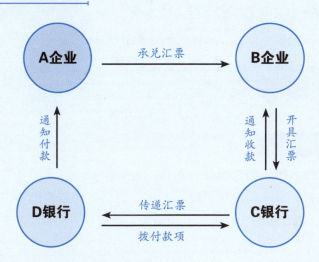

种是定额本票,金融一栏写着具体的数字。

银行支票指由银行的储户签发的,可以在指定的开户银行支取一定数额的现金的凭据。和欠条的差别是,银行会为支票提供信用保证,在只明确债务人,不明确债权人的情况下,也可以进行转让,即银行只认支票,不认持有者。

> **More**
>
> ### 支票有风险
>
> 《中华人民共和国票据法》规定:支票出票人所签发的支票金额不得超过其在付款人处实有的存款金额。开具超过在付款人处实有的存款金额空头支票是一种违法行为,如果情节轻微,会受到行政处罚;如果情节严重,构成犯罪的,还会受到刑事处罚。
>
> 法律都是为了弥补漏洞而产生的,也就是说,支票这种最快捷的大金额支取方式一样存在着巨大的漏洞。信用支付的风险一直是信用的最大威胁。

今天你存钱了吗

> 将钱存入银行就是储蓄，对个人来说，储蓄积少成多，以备不时之需，而且还能获得利息。存钱或者说储蓄就是金融的重要元素。

❯ 利息从何而来

在古代，到所谓的"银行"存钱，是要收取一定管理费的。因为当时的"银行"并不对外贷款赚取利润，而只是凭着管理费"艰难度日"。当时，到"银行"存钱的原因是大量的钱放在家里很不安全，只好存到"银行"让其代为保管。

如今，市场经济发展已经相当成熟，银行为了能够提供数量庞大的贷款并从中获取高额的利润，必须支付一定的利息从大众手中筹集资金，这样，利息就产生了。

但是这里有一个问题，银行本身并不从事实业，那么利息从何而来？

从定义可知，银行的作用是吸收社会闲散资金投入再生产中，银行方面把客户储蓄的资金通过借贷投入生产，在这个过程银行能收取利息，而这个利息比存款利息高，也就是利息的来源。

❯ 以钱生钱——实现利息最大化

给你100万，你会用这笔钱做什么？买房还是买车？要是存到银行，一年又可以得到多少利息？要想得到高利息，前提是你得会存钱。同样是100万，同样的时间内，有的人得到的利息可能是七八万，有的人得到的利息可能是一两万。不同的存款方式有各自不同的利息率，即利率。

我国存款利息率

注：本表仅供参考，并非实际利率。

存款方式			利息率（%）
活期存款			0.50
定期存款	整存整取	三个月	3.10
		半年	3.30
		一年	3.50
		两年	4.40
		三年	5.00
		五年	5.50
	零存整取、整存零取、存本取息	一年	2.85
		三年	3.05
		五年	3.25
定活两便			按一年以内定期整存整取同档次利率打6折。

▶钱越存越少？——负利率时代

理论上讲，存款能获得利息，但事实上如果算上资本的时间价值，存款有负利率的风险。

首先，我们要明白，负利率时代既不是银行的利率由正变负，也不是银行的存款越来越少，而是存款代表的购买力在不断地下降，也就是钱越来越不值钱。

负利率跟名义利率和实际利率有直接关系。名义利率，指各大银行"明码标价"的利率；实际利率，指名义利率减去当时的通货膨胀率。我们所说的负利率，不是名义利率为负数，而是实际利率为负数，即名义利率小于通货膨胀率。

假如当前的名义利率是3%，通货膨胀率为5%，实际利率=3%（名义利率）-5%（通货膨胀率）=-2%，也就是负利率。

换句话说,我们存到银行的钱虽然在面值上不断地增长,但实际购买力却在下降。现在 100 元可以买 10 斤肉,一年之后涨为 105 元,而从银行取出来的钱只有 103 元,亏了 2 元。

随着时间的延长,存款能买的商品越来越少,还不如现在就取出来购买商品,免得越来越吃亏。

> 小贴士

保值储蓄

1988 年,我国的通货膨胀率远高于银行的名义利率,银行存款的实际购买力不断下降。当时,人们的第一反应就是把存款取出来置换成实物。还发生了抢购、疯购的热潮。这严重影响到银行的正常运营。

为此,国家推出了一项新政策——保值储蓄,以实际利率的方式,对居民储蓄进行保护。

不用银行,自己算利息——利息的计算方法

只要掌握利息的计算方法,不经由银行,能获得多少利息凭借我们自己也可以了如指掌。

利息的计算方法主要有两种:单利法和复利法。

用 I(Interest)表示利息,用 R(Rate)表示利息率,用 P(Principal)表示本金,用 t(time)表示存款年限,那么,单利法的利息计算公式就是:

$$I=P\times R\times t$$

那么,本息和的计算公式则为:

$$S=P+I$$

复利法的利息计算公式为:

$$I=P[(1+R)^t-1]$$

Easy-going

单利法和复利法的区别在于,是否把今年产生的利息作为下一年的本金。

本息和的计算公式为：

$$S=P(1+R)^t$$

▶钱存太多——高储蓄率的危害

从上文可知，存钱即储蓄是保障国家经济安全，将收入投入到社会再生产过程的重要手段。一个地区人们的存钱数占总收入的比率，就是储蓄率。但在经济运行中，过高的储蓄率甚至比过低储蓄率带来的风险还要高。

如果居民将近期的收入大部分投入到银行储蓄中，说明他们对未来的经济预期没有信心，同时消费欲望不高，对未来的收入不抱有信心。这种情况下，即使银行有大批的资本，也意味着投放到生产中的可能性相当小。而且其他金融产品的收益再高，在人们对风险的恐惧和对未来收益不保持信心的情况下，也往往不被接受，这会导致绝大部分金融业的萎缩。

面对高储蓄率的危局，政府一方面应该降低税收，提高福利，让人们有更高的消费欲望和更低的储蓄需求，而另一方面则下调利率，打击储蓄信心，刺激直接再生产。

中国近年来的储蓄率

年度	国民储蓄率/%	居民储蓄率/%	政府储蓄率/%
1996	40.3	30.8	31.7
1997	40.8	30.5	32.3
1998	40.0	29.9	30.0
1999	38.6	27.6	31.0
2000	38.5	25.5	32.5
2001	38.9	25.4	35.9

资料来源：1999—2004年《中国统计年鉴》

我国的储蓄率近年来保持着40%的危险水平。

小小的利率也可以调节庞大的经济吗

正所谓"四两拨千斤","牵一发而动全身"。小小的利率哪怕是变动几个百分点,就会对庞大的经济产生巨大的影响。从小利率的调整到经济大环境的变动,中间的扩散和延伸是一个复杂而玄妙的过程。

> 利率的作用

在既定利率基础上,增加几个百分点或减少几个百分点,都需要众多专家进行长时间的认证。这样做并不夸张,因为利率在现代经济社会中具有不可替代的作用。

1. 调节收入分配,使其趋于平衡

调节收入分配,这是利率最明显的作用了,这也是跟我们自身的利益有密切的联系。我们把钱存到银行,其中的一个原因就是可以从中获取一定数额的利息;与储户的愿望相反,企业则希望银行把利率降低,因为这样可以减轻债务负担,减少成本支出。

银行提高存贷款利率,在增加个人利息收入的同时,也在减少企业利润,这样就可以把收入差距尽量缩小,从而达到调节收入分配的效果。

Easy-going

企业将自己的收益拿出一部分用于归还银行的贷款,银行拿出所得的一部分归还储户,储户获得利息,则会去购买企业的产品。

2. 筹集社会资金

这也是比较明显的作用，而且我们或多或少都有所了解。"趋利避害"的自然规律在经济活动中体现得更为明显。

利率提高了，储户可以从中获取更多的利息，因此，会把更多的钱存入银行；而对于企业来说，利率提高了，企业的负债压力会更大，迫不得已才会伸手向银行求援。

换句话说，银行从"出口"和"入口"两个方面控制了资金在市场上的流通。提高利率，在"入口"处，银行通过储户的储蓄行为获得了大量的资金，在"出口"处，银行的贷款数额大幅减少。

"出"得少，"入"得多，就会把社会上多余的资金积累起来，从而达到筹集社会资金的目的。

3. 调节货币供求，稳定物价

如果在金融市场中流通的资金过多，超过了市场需求量，就会引起物价上涨，发生通货膨胀。此时，需要提高利率，增加居民存款、减少企业贷款，这样就可以回笼资金，促使市场中的货币量供求平衡，稳定物价，防止通货膨胀的发生。

如果在金融市场中流通的资金过少，远低于市场需求量，就会引起物价下跌，发生通货紧缩。此时，需要降低利率，减少居民存款，增加企业贷款，就可以投放资金，同样可以起到保证货币供求平衡、稳定物价的作用。

4. 调节国际收支平衡

利率不仅可以保证国内各资源的合理配置，也可以调节国与国之间的收支平衡。

有一种"薄利多销"的金融理论，即购买的数量越多，价钱就越便宜。依靠利率来调节国际收支平衡也是这个道理。

也就是说，一个政府会根据自己的经济状况，通过利率对国外投资施加影响，当国内经济环境需要留住资金的时候，就提高长期利率，此时，外国资本如果需要转移那就得放弃更大的利益，支付更多的代价。而当政府需要驱逐外国资本时，则采取相反的措施。

利率的作用

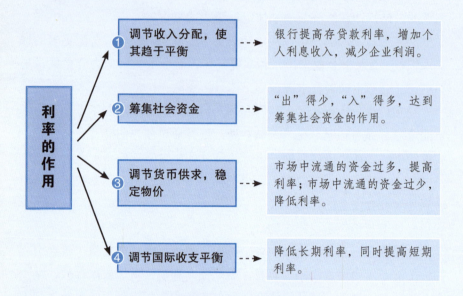

谁在控制着利率——利率的影响因素

表面上看来，存贷款利率的决定好像是由中国人民银行"独裁"，但实质上并不是。利率的影响因素，从本质上来说由两个因素决定：社会平均利润率和货币供求状况。

社会平均利润率，指企业在市场交易中可以获得的利润比例。如成本100元，社会平均利润率5%，那企业生产一件商品平均获取5元钱利润。

很明显，贷款利率不可能超过社会平均利润率，如果贷款利率等于或大于社会平均利润率，企业就无利可图，一切生产活动就会停止。所以说，利率要适时

社会平均利润率的根本决定因素是生产力发展水平，也就是经济越发达的地区，人们就越愿意为资本支付更多的利息。

地低于同期社会利润率。

货币供求状况，指市场中的货币供应量和货币需求量。类似于商品的价值规律，如果货币量供大于求，利率就会降低；如果货币量供不应求，利率就会提高。

在社会平均利润率既定的前提下，金融市场中企业对资本的需求量与银行等金融机构资本的供给量的关系也会影响利率。

如果企业对资本的需求量大于银行对资本的供给量，银行就会掌握主动权，将利率提高一些，哪家企业贷得起，银行就贷给谁；相反，如果企业对资本的需求量小于银行对资本的供给量，企业就会掌握主动权，哪家银行提供的贷款利率低，企业就向哪家银行贷款。

利率的影响因素

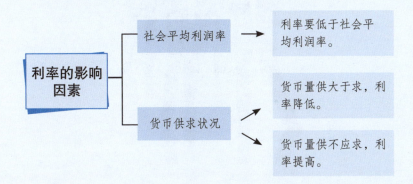

More

企业和利率

提高利率，对企业来说并不一定都是坏事。面对高额的贷款利率，企业只能加快自身的资金周转，同时提高企业经营管理水平，想方设法地提高生产效率。企业自身以前存在的问题会不知不觉地一一解决，获得出乎意料的效益。

第4篇
金融机构

走在每一个城市的中心，我们都能轻易发现各种银行、证券公司、投资代理等机构；打开自己的钱包，里面的卡绝大部分都是某个金融机构发行的；去上网，总能发现股市波动的消息或者推销某个理财产品的广告……

可以说，金融机构的影响力在我们的生活中无处不在。

本章教你：
▶ 国外的金融机构体系是什么
▶ 我国金融机构体系的特色是什么
▶ 交通银行是国有商业银行吗
▶ 商业银行都开展哪些业务
▶ 如何经营管理商业银行
▶ 金融的创新在何处

西方国家的金融机构体系是什么样子

我国的金融体系是从20世纪改革开放以后,模仿西方成熟的金融体系发展起来的。相比较来说,西方社会的金融机构更加成熟和完善,了解我国金融机构发展的现状和未来,首先必须了解西方社会的金融体系。

〉从认识金融机构开始

金融机构,顾名思义,就是从事一系列金融活动的机构,而金融又与货币和信用有关。所以,金融机构的定义是指从事货币与信用业务的组织机构。

Easy-going

银行一词的翻译来自日文,但是最源头的词根是英文"bank",指的是金融办事的长凳。

历史上,金融机构都是从其他商业活动中分离出来的。而且,最早的金融机构并不专门从事金融活动,而只是将收集的社会闲散资金放入投资中。当然,最早的金融机构也不可能是依靠利息差额维持生存的银行,而是某个大型商业集团的附属机构和中介机构、放高利贷者。

当然,在古代人们并不认同金融产生财富的观点,所以,从道德和法律上都对金融机构不予以承认。中国古语说"车船店脚牙,无罪也该杀",这里的"牙"就是金融中介,它们被认为是"游手好闲的犯罪者"。而在西方,中间人即早期的金融雏形机构都被当成是"骗子"或者"社会的蛀虫"。

▶西方国家的金融体系是什么样子的

金融体系就是由各种金融机构"各司其职"而组成的体系，金融机构之间的关系也就是整体和部分的关系。

西方国家金融体系中的金融机构主要分为两大类：银行金融机构和非银行金融机构。银行金融机构可细分为中央银行、商业银行、专业银行和政策性银行等；非银行金融机构可细分为保险公司、信托公司和信用合作社等。

1. 银行金融机构

在所有银行金融机构中，中央银行的地位最高、权力最大，因为中央银行不仅可以制定和实施货币政策和信用制度，还可以监督管理其他金融机构。毫不夸张地说，在所有金融机构中，中央银行居于"大哥大"的地位。

Easy-going

所谓的商业银行，指的是在运行中以营利为目的的银行，而不是某个名字后加上"商业银行"后缀的银行。

中央银行不是营利性金融机构，也就是说，人们既不可能把钱直接存到中央银行，也不可能拿着存折到中央银行去取钱，更不可能去中央银行申请贷款。

与中央银行相比，商业银行在地位和权力上就逊色很多，但是在金

▍小贴士

钱庄和银行

中国古代也有类似于银行的机构——钱庄，这些机构都是实力雄厚的大商家自己发行汇票，然后通过全国的分支机构来实施流通的。不过和银行不同，钱庄中存钱是要付利息的，称为"保管费"，而向钱庄借款的利息也和高利贷相差不大。所以，我国古代的钱庄在规模、作用上都无法向真正的银行转化。

融活动中，商业银行可是最成功的，因为它可以获得巨额利润。

之所以被称为商业银行，是因为此类银行主要从事的是商业活动，即向企业或个人提供短期贷款，然后从中获取利息收入。

商业银行主要提供短期贷款，是因为贷出去的钱很快就可以连本带利地收回。如果是长期贷款，银行放出去的钱长时间无法回收，就不可能开展下一轮的商业活动——这也是人们认为的"一般没有风险"的银行风险中的一部分。

在解决不同的专项资金问题上，专业银行功不可没，也就是说对特定的范围提供专门的金融服务。专业银行主要分为4类：投资银行、储蓄银行、开发银行和不动产抵押银行，每一类都针对不同的对象提供专业的资金支持。比如，投资银行主要提供贷款支持企业投资，开发银行主要提供贷款支持一系列的基础建设。

与一般的商业性银行不相同，政策性银行是由国家、政府创办的，目的不是获取利润的最大化，而是支持政策性的金融活动。

2. 非银行金融机构

保险公司，家喻户晓，生活中人们会时不时地接到某一家保险公司的骚扰电话，它既"骗"了人们很多钱，同时又为人们解决了很多后顾之忧。

英国的金融机构体系

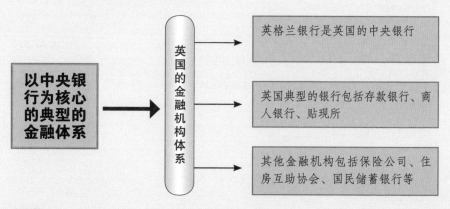

保险公司的运作模式可以用一句俗语来概括："拆东墙补西墙"，依靠投保人 A 缴纳的保险费用，来弥补投保人 B 的经济损失。所以，对于保险公司来说，投保的人越多越好，出现的保险事故越少越好。

经常跟股票和债券打交道的人，可能比较熟悉信托公司。其实，信托公司就是一个中介机构，人们花钱买股票和债券，然后信托公司帮他们"炒"，并从中收取一定的"服务费"。

信托公司有专业和规模优势，也就是说，信托公司里有很多专家，让他们帮着管理股票和债券，当然会让人省心很多，而且信托公司可以把众多小额资金集中起来，转变为实力雄厚的集体资产，进入到个人资产无法进入的领域。

信用合作社，就是将某一地区的资金集中起来，进行统一管理的金融机构。所以，信用合作社的资金主要来源于合作社成员的存款，提供贷款的对象也主要是合作社成员。

美国的金融机构体系

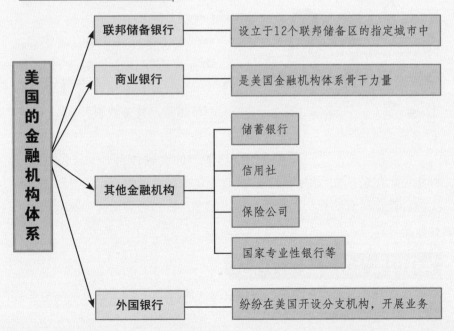

我国的金融机构体系

在我们的日常生活中,离不开各种金融机构。在选择哪一个金融机构的哪一种金融产品之前,系统性地了解我国的金融机构是非常必要的。

▶改革开放前的金融机构体系

改革开放之前,我国实行的是计划经济体制。人们在思想观念上极力抵制金融投资活动,而且没有市场一说,因此,金融活动也处于停滞状态。

当时,根本没有五花八门的金融机构,全国只有一家银行——中国人民银行。这里所说的一家不是数量上,而是体制上。说得通俗一点,全国其他地方的金融机构都是中国人民银行的分支机构。

中国人民银行既从事行政管理工作,实行高度集中的金融管理体制,又开展银行业务,统一管理资金信贷——可谓是"身兼数职"。

Easy-going

很多人把改革开放前的金融机构体系称为"大一统"金融机构体系。

以现在的观点看,这种完全忽略经济活力的金融体系对经济发展是一种伤害,但是,在当时的时代大背景下,中国人民银行作为唯一的金融机构,能把所有的社会闲散资金集中起来,更加有力地保护刚刚起步的社会主义建设。

▶我国现今的金融机构体系

当代社会,商品经济的发展越来越成熟,"大一统"的金融机构体系已经落伍了，取而代之的是"多元化"的金融机构体系。我国现行的金融体系主要由中央银行、商业银行、政策性银行和非银行金融机构组成。

1. 中央银行

毫无疑问，中国人民银行是我国的中央银行，在整个金融机构体系中处于绝对核心的地位。

中国人民银行的职责有很多，主要的职责包括依法制定和实施货币政策；发行人民币，管理人民币的流通；防范和化解金融风险，维护国家金融稳定；管理国库；持有并管理外汇储备和黄金储备；确定人民币汇率政策等。

中央银行被称为"银行的银行"，是我国所有金融机构的风向标，当中央银行调整利率或者调整国库储备时，就会对其他银行产生巨大的冲击作用。"银行的银行"的另一个意思就是，中央银行并不承担普通银行的业务，它的客户就是其他各种银行。

2. 商业银行

在我国，商业银行主要分为两大类：国有商业银行和股份制商业银行。

国有商业银行，就是国家独资的商业银行，主要包括中国工商银行、中国农业银行、中国银行和中国建设银行。

国有商业银行的职责范围相对来说比较多，其中主要的职责包括吸收社会存款；发放贷款；办理国内外结算和票据贴现；代理发行、兑付各种金融债券服务等。

比如，我们可以既到中国工商银行存钱，也可以向中国工商银行贷款；既可以去中国工商银行办理汇款，也可以进行票据贴现。

股份制商业银行也比较常见，比如，交通银行、招商银行、中国光大银行、华夏银行、上海浦东发展银行和兴业银行，等等。

股份制银行虽然实力上与国有商业银行有很大差距，但是它的发展速度不可小视。有的股份制银行本来是地方性的，如今已经发展成为全国性的，如，中国招商银行。

3. 政策性银行

我国的政策性银行主要有3个：中国农业发展银行、中国开发银行和中国进出口银行。

我国的政策性银行与商业银行有着本质区别。商业银行以获取利润为目的，而政策性银行是为我国的社会发展提供政策性资金支持，此类银行是通过政策的推行来获得利润的。

以中国农业发展银行为例，中国农业发展银行成立的目的是为农业发展提供政策性资金贷款。农业不同于工商业，受自然因素的影响比较大，自然风险大，而且投资期限长、收益低，几乎没有哪一家商业银行敢涉足。

农业是经济发展的基础，不能置农业于不顾。为了保证农业的健康发展，国家成立了中国农业发展银行，提供收益低、期限长的政策性农业贷款。

4. 非银行金融机构

除银行外，我国还有各种繁杂的金融机构，包括保险公司、证券公司、信托投资公司、融资租赁公司，等等。

我国现代的金融机构体系

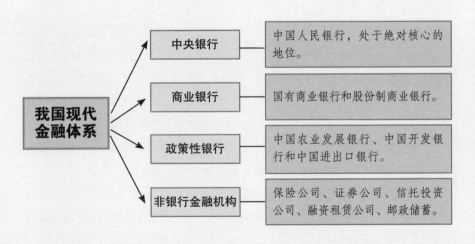

非银行金融机构

> 非银行金融机构 是指以发行股票和债券等有价证券为手段，接受其他机构或个人的信用委托，以提供保险等形式筹集社会的闲散资金，并将所筹集的资金运用于长期性投资的金融机构。它和商业银行一起构成了金融市场的主体。

▶ 非银行金融机构的构成

与银行相比，非银行金融机构出现的时间更早，经营的业务也更加广泛。到现代社会，这些金融机构虽然在业务上不断和银行发生交叉，不过它们各自沿着自己的特殊方向发展出4大种类：信托投资机构，专门或主要办理金融信托业务的金融机构，如信托投资公司、信托银行、信托商等；证券机构，主要从事办理证券业务的金融机构，主要有证券

非银行金融机构的组成

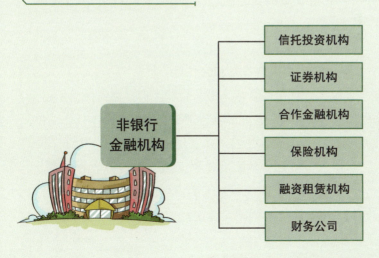

交易所、证券公司等；合作金融机构，即自发形成然后加以规范的金融机构，主要有农村信用合作社、邮政储蓄机构等；保险机构，通过签订合约，进行承保和对方一起承担风险的金融机构，主要有保险公司、国家保险局等；融资租赁机构，主要包括商业银行投资和管理的租赁公司或租赁业务部等。除此之外，还有商业银行的附属机构，主要吸收存款的财务公司等。

▶信用评价和非银行金融机构

金融机构信用评价是指专业的金融监督机构对所有金融机构进行整体的资产质量评价，以及所承担各种债务和利息能力的评价，是对偿还风险的整体评估，也是对金融市场环境有效维护的措施。一般来说，信用评价主要集中在以下几个方面：机构的经营管理和业务发展水平；资产质量，也就是资本充足与否、支付能力是否足够等；金融机构所在地区的发展状况、行业发展情况等外部情况。

对个人投资者来说，除了关注这个金融产品的提供机构的信用评级外，还应该关注公司是否有支付危机、高层是否经常变动、是否曾经有违规记录、高层管理员是否有道德问题等。

小贴士

信用合作社和合作社

合作社是人民大众自愿联合起来进行合作生产、合作经营所建立的一种合作组织形式，包括流通、服务、生产、信用四种合作社。其中，信用合作社是金融机构，而其他的则是普通的自治组织，在20世纪50~60年代，新中国成立后，我国就建立了遍布全国各地的合作社，农村信用合作社就是这个时期发展起来的。到现在，在广大的农村，特别是偏远农村，信用合作社的网点建设和信誉度都比工商银行更有优势。

保险业的发展困境

保险公司的业务内容为销售保险合约、提供风险保障。保险公司分为两大类型——人寿保险公司、财产保险公司。根据我国法律，保险公司是指经我国保险监督机构批准设立，并依法登记注册的商业保险公司。近年来，我国保险业飞速地发展，成为金融市场中重要的收益业务。然而，保险本来应该是共同承担风险的金融行为，但是人寿保险承担着更多的社会责任——养老保险，成了福利的重要组成部分。

比如，10年前某人投保20 000元，三十年后获得保险收益100 000元。不过30年后，这个人的儿子买了保险50 000元，而事实上10年前的20 000元，其价值比30年后的50 000元价值还高，也就是在本质上这个人是自己为自己保了险。而从20 000元发展到50 000元，养老保险的代价越来越大，那么保险最终无以为继。这将是保险业发展的必然困境。

保险体系中的制度缺陷

我国城乡社会养老保险体系具有明显的二元性特征，而且财力保障水平较低，制度吸引力不强，各地区保障水平差异明显，在养老保险制度设计及财力保障方面还存在诸多的缺陷和问题。

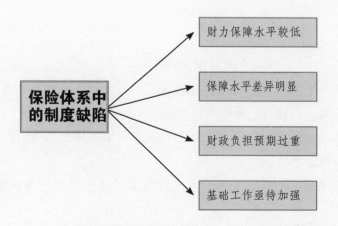

4 能分辨出哪个是商业银行吗

商业银行是联系个人、企业、政府最重要的金融机构。在日常生活中，储蓄、借贷、支付等金融行为都是通过商业银行来实现的，我们经常见到的工商银行、建设银行等都是商业银行。不过商业银行之间，也存在着差别。

▶ 商业银行的性质

前文已经提到过，商业银行是以通过吸收存款、发放贷款来获取利润的金融机构。从中可以看出，商业银行的性质是经营金融资金，以获取利润最大化为目的的综合性金融企业。

首先，商业银行是企业。与一般的企业相同，商业银行的目的也是实现利润最大化。

但是，商业银行又不同于一般的企业。一般的企业主要是生产、销售普通商品，但是商业银行经营的是特殊商品货币。货币既不能生产，也不能销售，但却可以借贷、转账和收付。商业银行通过吸收存款，再

小贴士

中国最赚钱的公司

在中国所有的商业银行中，规模最大、实力最强的当属中国工商银行。中国工商银行，全称是"中国工商银行股份有限公司"，最初是国有独资银行，2005年经过改制，成为一家股份制银行，在上海证券交易所上市。

到目前为止，中国工商银行的业绩增长速度一直保持高水平，被人们公认为"中国最赚钱的公司"。

发放贷款,在一"收"一"放"中赚取利润。

一般的企业利润来自实业生产,即它们通过劳动,增加社会的财富总量,在经济运行中,属于生产环节;而商业银行的利润是来自于金融产品的生产,即它们是通过财富的重新分配,让社会财富得到更加有效的利用,在经济运行中,属于流通这一环节。从这里可以看出,以商业银行为代表的金融机构提高的是财富利用率,而这种有效的分配是有限度的——社会的财富增加不是无限的,所以一个社会或者说国家的商业银行数量过多,这意味着经济效率高的同时,经济中的泡沫和风险也更大。

商业银行只能存款、贷款吗？——商业银行的职能

商业银行不仅仅只会吸收存款、发放贷款,它还具备一些其他金融机构不具备的职能。

1. 调节经济

调节经济是指商业银行通过其信用中介活动,调剂社会各部门的资金短缺,同时,在央行货币政策和其他国家宏观政策的指引下,实现经济结构、消费比例投资、产业结构等方面的调整。此外,商业银行通过其在国际市场上的融资活动还可以调节本国的国际收支状况。

2. 信用创造

商业银行在信用中介职能和支付中介职能的基础上,产生了信用创造职能。商业银行是能够吸收各种存款的银行,并用其所吸收的各种存款发放贷款。在支票流通和转账结算的基础上,贷款又派生为存款,在这种存款不

我国目前蓬勃发展的网上销售行业中,信用支付非常发达,比如,支付宝就是网络和银行合作的产物。

提取现金或不完全提现的基础上,就增加了商业银行的资金来源,最后在整个银行体系,形成数倍于原始存款的派生存款。

3. 信用中介

在市场中，一方缺少资金，另一方富余资金，那么，双方就需要进行对接，而商业银行起的就是这种作用。信用职能是商业银行最重要的职务。

所谓信用职能，就是商业银行通过回收社会闲散资金，然后再将这些资金放贷至金融市场，凭借贷款和存款的利息差额来赚取利润。这也是商业银行最初的职能。商业银行可以没有其他的职能，但是不能没有信用中介的职能，否则商业银行将无法生存。

4. 支付中介

支付中介是随着商业银行的发展，衍生出来的一种职能。如果没有商业银行，A企业要花100万元到B企业买一批货。假如A企业的职工拿着一个大皮箱子（里面是100万元现金），长途跋涉到B企业，其中的风险可想而知。

但是自从有了商业银行，这种事就变得简单多了。A企业和B企业之间只需要传递一张票据，具体的现金交易由银行进行办理。

我们到超市买东西，只需要刷一下银行卡，具体的现金交易则只在

我国现代的金融机构体系

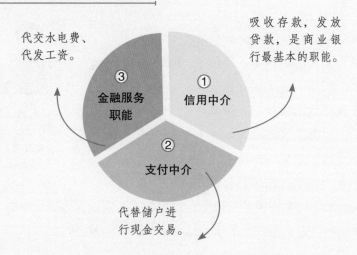

银行和超市之间展开。

5. 金融服务

随着经济的发展，工商企业的业务经营环境日益复杂，银行间的业务竞争也日益剧烈，银行由于联系面广，信息比较灵通，特别是电子计算机在银行业务中的广泛应用，使其具备了为客户提供信息服务的条件，咨询服务、对企业"决策支援"等服务应运而生。

工商企业生产和流通专业化的发展，又要求把许多原来的属于企业自身的货币业务转交给银行代为办理，如发放工资、代理支付其他费用等。

个人消费也由原来的单纯钱物交易，发展为转账结算。

比如，月初月末，我们不用到水电公司排长队交水电费，只需要去离家最近的银行就可以，因为商业银行可以代理支付水电费。身为企业的老板，不必亲自给数量众多的职工发工资，可以把这事交给银行进行处理，到了月末，银行会自动将工资存入每位员工的工资卡，既省事，又快捷。

▶商业银行的组织制度

通常情况下，人们把商业银行的组织制度分为4种：银行单一制、银行分支制、银行控股公司制和银行跨国制。

1. 银行单一制

银行单一制，顾名思义，就是在一定的区域内只有一家银行，所有的业务都由这一家银行经营。整个国家只有一家银行并非没有优势，在市场需求不高而且规模较小的时候，出现银行太多就会导致市场饱和。

2. 银行分支制

银行分支制，就是一家银行在其他地域设立分行，就如同大企业在全国各地设置的分公司。一家大银行，在各地设有很多分行，既可以快捷、方便地从全国各地筹集资金，又可以快捷、方便地向全国各地发放贷款。正是基于这些显著的优点，世界大部分国家都实行银行分支制，包括我国。

3. 银行控股公司制

银行控股公司就是几家银行以持一定股份的形式成立一家公司，或者是一家实力比较强大的企业拥有某银行大部分的股份。

银行控股公司可以把各个银行"团结"起来，以抵御更大的金融风险，但同时也会比较容易形成垄断的现象，从而约束金融活动的进行。

4. 银行跨国制

银行也可以走出国界。在不同的国家之间，那些实力强大的银行会合资组建一个跨国的银行财团，从而更加方便地在这些国家之间开展国际金融活动。目前，银行跨国制并不是商业银行组织制度的主力军，但它的数量在快速地增加。

商业银行的组织制度

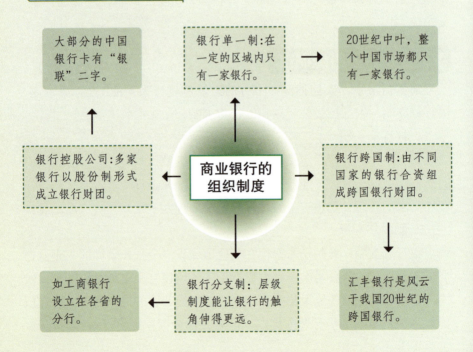

商业银行做什么"工作"

商业银行在整个金融活动中到底做什么性质的"工作"？要想回答这个问题，必须要了解商业银行是如何开展业务的。

▶ 负债业务

负债业务，是指商业银行以一定的利息分红为前提条件，在社会吸收资金的业务。之所以称这项业务是负债业务，是因为商业银行虽然从社会中吸收了大量的资金，但是并不拥有这些钱的所有权，只有使用权。换句话说，这些钱是商业银行向储户"借"的，到期还要连本带利地"还"给储户。

商业银行的负债业务由两部分资金组成：一个是自身拥有资金；另一个是吸收外来资金。

自身拥有资金，就是商业银行拥有所有权的那部分资金。众所周知，要想成立一家公司，必须有一定数额的注册资金，注册资金越多，说明企业的实力越强大。

Easy-going

负债业务是商业银行最基本的业务，有能力"借"钱，才有能力"还"钱。

同样的道理，商业银行也不可能"白手起家"，需要一定数额的"注册资金"才可以。这部分"注册资金"，就是商业银行自身拥有的资金。要想在激烈的市场竞争中求得生存，必须拥有雄厚的资金。

对于国有商业银行来说，自身拥有的资金主要来源于国家财政拨款；对于非国有商业银行来说，自身拥有的资金主要来源于股份资本、投资等。

一座房屋的地基打得好，房子才结实，才能承受住风吹雨打，霜冻雪埋，商业银行的自身拥有资金也是如此。这部分资金越多，商业银行

小贴士

负债的风险

银行一般都会在开创之初储存大量资金,然后慢慢抽出,而一旦银行存储的资金90%被借贷,那么银行就有可能被挤兑而倒闭。20世纪30年代,美国的金融业高度发达,每个银行都通过吸纳资金和借贷赚取大量的利息差额,可经济危机一旦发生,挤兑狂潮来临,80%的银行一夜之间成为"废墟"。

的信誉度就越高,就可以在残酷的金融竞争中求得生存。

吸引外来资金与自身拥有资金完全相反,如果自身拥有资金是"自力更生",那么吸引外来资金就是"对外开放"。

商业银行绝大多数的资金都来自外来资金,即个人、企业在商业银行的存款,在金融上被称为"存款负债"。

商业银行吸引的存款越多,在市场上投入的贷款才会越多,获取的利润自然也就多。所以,很多商业银行都想方设法地增加自身实力,让更多的人、更多的企业来存款。

从性质上说,存款负债一般分为定期存款和活期存款两类,这也是我们在日常生活当中经常接触到的。

活期存款,即取款的时间不固定,我们随时可以到银行把钱取出来。对于储户来说,活期存款的确方便、省心,但是站在银行的角度,则十分不利。因为存款随时有可能被储户取走,存款负债不稳定,所以利息率一般低得可怜,甚至没有。

Easy-going

定期存款的期限还没有到,储户也是可以取款的,只不过比较烦琐而已,比如,事先通知银行、放弃一部分利息等。

定期存款,即存款的同时,就定好了取款的时间。相对于活期存款来说，商业银行比较热衷于定期存款，因为储户存到银行的钱，只有到了约好的时间才可以取。这样的话，银行就可以大胆地用这部分定期存款进行投资、放贷，而不用担心储户随时将存款取走。

负债业务

资产业务

商业银行的资产业务与负债业务恰恰相反，负债业务是吸引资金，资产业务就是投放资金。对于商业银行来说，光吸引资金并不赚钱，把这笔资金放贷出去，或者是进行投资才能从中受益。所以说，对于商业银行来说，资产业务就是商业银行的顶梁柱。

资产业务有很多种，不过最重要的当属贷款和投资。

在所有的资产业务中，贷款可以说是最重要的，因为商业银行很大一部分利润都来自贷款。贷款可以按照不同的标准分为很多种，但是跟我们日常生活联系最为密切的贷款标准是以时间为标准进行划分的：短期贷款、中期贷款和长期贷款。

贷款时间在一年以内（包括1年）的称为短期贷款，大于1年又小于5年（包括5年）的称为中期贷款，大于5年的称为长期贷款。

对于银行来说，短期贷款虽然风险系数小，但是收益很少，

Easy-going

很明显，我们从银行贷了一笔款，最担心的就是拖延的时间越长，还贷的利息越多。

在我国，禁止商业银行以购买企业股票的方式进行投资。

而中长期贷款虽然风险比较大，但是收益比较可观。

对于中小企业来说，接触比较多的是短期贷款，如果某企业打算新建一家大型分厂，工期为4年，就必须长期贷款（5年以上），因为等分厂建成之后，企业还需要生产一段时间获取利润来偿还银行贷款。

不光巴菲特会投资，银行同样也会投资，并从中赚取更多的利润，商业银行会投资购买政府、公司债券和股票。

资产业务

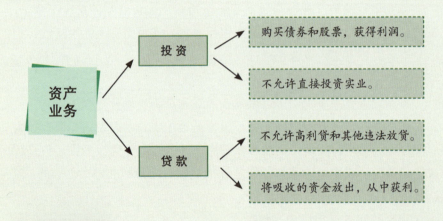

中间业务

商业银行不光会吸收存款和发放贷款，还会办理一些中间业务。所谓中间业务是指商业银行不需使用信贷资金，而利用自身特有的条件、优势向社会提供各种金融服务从中收取服务费用的业务。由于开展此类业务活动的结果，既不会影响负债也不会影响资产业务，因此称为中间业务。

银行从事中间业务时,仅以中间人或中介人的身份单纯为客户提供金融服务。例如:替客户办理资金的转账、代收代付款项、代买代卖外汇、出租保管箱等。

商业银行的中间业务在我们的日常生活中相当普遍。比如,这个月的工资,老板很少把现金直接交到你的手里,而是让银行把钱打到工资卡里,或者老板坐在办公室里通过网上银行直接转账。企业不会把退休金或保险金直接交到退休员工手中,而是把这笔钱交给银行,退休职工只需要到期去银行领取就可以。

企业之间的金融往来也离不开商业银行的中间业务。北京的 A 企业和上海的 B 企业有 1000 万元的资金来往,A 企业不可能拿着 1000 万元现金到上海交给 B 企业。双方只需要相互确认,具体的现金往来则交给银行办理。

政府的财政拨款有时候需要利用商业银行的中间业务。国家要向 A

商业银行业务

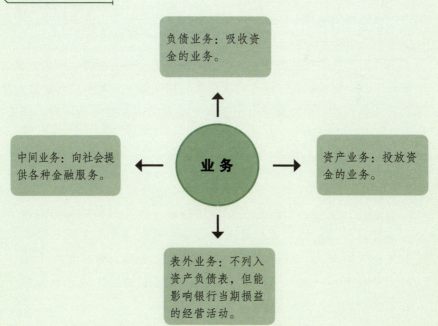

省拨款3亿元用于改善当地的农业设施，国家自然不可能直接移动3亿元现金到A省，而是将这笔钱通过银行的中间业务，转账到A省。

> 表外业务

为了增加银行的收益，银行也进行一些表外业务。所谓表外业务是指那些虽未列入银行资产负债表内，但在一定条件下却可影响资产负债活动或者说可以转化为表内的业务。银行在从事表外业务时，不仅以中间人的身份为客户提供服务，而且在一定的条件下会参与其中，因而会导致资产负债业务即表内业务量的改变。因此，有时候表外业务又被称之为或有资产和或有负债业务。

不过中间业务与表外业务的界限有时很难区分清楚，因为二者间存在相互交叉的现象。例如，当银行为客户提供票据承兑服务时，就不单纯是一种中间性的服务。因为这种业务同时，还是银行利用自己的信用为客户提供付款担保，一旦票据到期，若因客户不具支付能力，银行便须承担付款责任。银行在举办此项业务时一般会考虑到这种风险，如要求客户事先将票款存入银行，或确认客户具有支付能力的条件下，才为其提供承兑服务。

商业银行的表外业务种类很多，但按大类可分为两类。一类为金融保证业务，主要包括为工商企业提供备用信用证，贷款承诺和票据发行便利等业务；另一类为金融衍生工具交易业务，主要包括远期、期货、期权及互换等金融衍生工具的交易活动。

More

贷款承诺

贷款承诺是指商业银行以书面的形式或口头的方式承诺在未来一定时期内，随时向客户提供贷款。银行在做出这种承诺时，一般要按一定比例向客户收取一笔承诺费，即使客户在银行承诺期间内没有来借款。

商业银行的运行

对银行来说,如果吸收的资金不够,不能正常开展借贷业务,那么,银行就会流失更多的客户。而如果银行的资金储备都流出,不足以应对客户的挤兑,那么银行就有倒闭的风险。所以,银行的经营和管理也同样重要。

▶商业银行的经营原则

要想把商业银行经营得"蒸蒸日上",就必须遵循这3个原则:营利性、安全性和流动性。

1. 营利性

基本上每一家企业都以营利性作为自己的原则,商业银行也不例外。

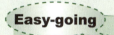

正所谓"君子爱财,取之有道"。商业银行获取高额利润,必须要用合法途径。

而不管商业银行做出多么诱人的广告,不管用什么样的"借口",不管从表面上看,它向我们提供多么方便的服务,为我们如何排忧解难,但实质上实现利润最大化才是它的最终目的。

商业银行是以获取利润为目的,赚多少钱都嫌少,这是情有可原的。但是,一般来说,银行的利润空间是固定的。因为政府或者银行的监督管理机构会明确规定银行的最低储蓄利率和借贷业务的最高利率,所以,银行只能拼命提高资金的总额和流动次数来提高利润。而在金融浪潮中,激烈的竞争更是增加了银行的经营压力。生活中,随处可见各大银行抢占市场的宣传手段。

2. 安全性

商业银行从事的行业表面上看去很赚钱,实质上是危险重重。商业银行的每一笔贷款、每一笔投资，都要有一定的安全性。不然贷出去的钱收不回、投出去的资金没有利息。

在实际的商业银行经营中，如果面对的是第一次向银行贷款的借贷方，银行需要一个中间人作为担保——这是因为第一次的客户信用度不够，需要中间人的担保来为这笔业务增加信用度。而和商业银行中的每一笔业务都能增加客户在银行信息中的信用度——这和信用卡中的信用额度一样都是社会信用体系的缩影。

3. 流动性

商业银行内部的资金无论怎么贷款、怎么存款，都需要保证储户随时取款的需要。也就是说，商业银行的资金周转速度一定要快，存款、贷款和取款都不误，不能把所有的资金都借贷出去。

商业银行的经营原则

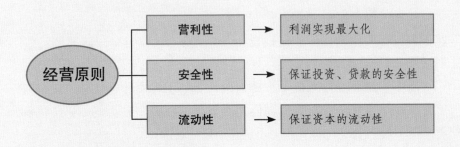

商业银行的风险管理

商业银行不能预测风险出现，也避免不了风险的出现，但是可以通过有效完整的机制，在风险发生之前和风险发生时实施一定的管理措施，将损失减到最小，或者完全规避损失。

1. 风险发生之前

风险往往具有突然性和不可预见性，谁都不知道风险什么时候发生。很多商业银行未雨绸缪，会设置一定份额的准备金。

风险管理

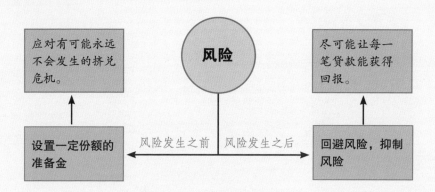

其中一部分准备金就是商业银行的自有资产,这也是其"最后的防线"。另一部分准备金就是那些短期贷款、短期投资,因为这部分资金可以快速实现收益,在抵御风险时也会发挥重要的作用。

2. 风险发生之后

风险发生之后,商业银行需要采取一定的措施回避风险,或者是抑制风险,将损失减到最小。比如,发现投资的项目出现信用问题,可以立即撤资,回避风险;发现贷款的对象出现信用问题,停止贷款,或者派专员帮助客户解决信用问题,抑制风险,将损失减到最小。

小贴士

利润最高的企业

中国工商银行被称为"全国最赚钱的企业",去年利润突破2000亿元,也就是说中国工商银行每天平均赚5.7亿元。而中国石油和中国石化两家石油大户的利润总和才稍稍超过中国工商银行,就连名声响亮的苹果公司的利润有时也不如中国工商银行。

第5篇 金融市场

买蔬菜要到菜市场,买手机要到电子市场,买衣服要到大型商场,买生活必需品要到超市……开展金融活动也需要在金融市场中进行。金融市场和我们平时接触到的一般市场区别在于其交易的商品不是实际的产品,而是虚拟的数据或各种票据。

本章教你:
▶什么是金融市场
▶金融市场有什么特征
▶金融市场的分类
▶货币市场的含义
▶什么是股票、债券市场
▶金融衍生工具市场

你"认识"金融市场吗

金融市场给我们的印象就是危机和转机并存的变幻莫测的经济学名词。要想在金融市场上获得最好的效益,前提肯定要对金融市场的概念理解透彻。

▶ 金融市场的概念

狭义的金融市场是指进行金融交易的具体场所,比如,证券交易所、股票交易所等;广义的金融市场是指金融交易双方利用各种金融工具而进行的有价证券的买卖活动,也就是说,无论在什么地方、什么时间,只要发生金融交易活动,就会出现金融市场。

金融市场的概念

▶ 金融市场的特征

金融市场的特征包括:
1. 金融市场的交易对象是资本

不同的市场有不同的交易对象。菜市场以各种蔬菜和水果为交易对象,电子市场以各种电子设备为交易对象,而金融市场以货币资金为交易对象。也就是说，我们在金融市场只能看到货币和资金等一系列金融工具，而看不到其他的"商品"。

2. 金融市场的交易方式是直接融资

在信用市场，我们一般和银行打交道，比如，存钱要去银行，贷款还要去银行。但是，在金融市场一般不通过银行，而是投资者与资金需求者直接"接触"，即直接融资。

Easy-going

没有人去银行买股票，也没有人拿股票去银行存。

在金融市场中，通常都是利用各种有价证券进行交易，几乎不和银行打交道。但也有的商业银行为了获取更大的利润，将盈余资金用来购买股票和债券。

3. 金融市场包括有形市场和无形市场

这一点可以从金融市场的定义中得知。金融市场有无形和有形之

金融市场的特征

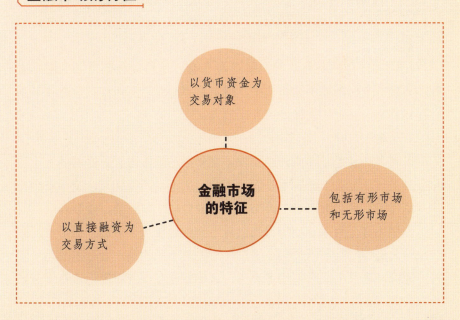

分,有形的金融市场(证券交易所)我们比较容易理解,无形的金融市场其实也比较常见。

我们买卖有价证券,完全没有必要千里迢迢到某一家证券交易所。如今,电子通信和网络如此发达,只需要坐在电脑旁,动一动手指,就可以完成一笔一笔的金融交易。这种金融市场是看不见、摸不到的,所以被称为无形的金融市场。

金融市场的基本要素

一般市场中参与者和商品都是清晰可见的,而金融市场中,内部要素往往体现出模糊性。

Easy-going

在金融市场中,有的参与者是资金提供者,有的参与者是资金需求者。

1. 参与者

任何市场都少不了参与者,金融市场也不例外。金融市场的参与者没有特定的人群,无论是个人,还是企业,无论是金融机构,还是政府机构,只要参与金融交易活动,就可以称为参与者。

我们进行金融交易活动,就是参与者,是构成金融市场的基本要素。如果从金融活动中脱离出来,就不是参与者。所以说,金融市场参与者并不是很固定,人员流动性比较大。

2. 金融工具

仅有参与者是不够的,要想保证交易活动正常进行,必须要有一定的金融工具。金融工具既不是刀枪剑戟,也不是斧钺钩叉,货币资金是其有形代表。在金融市场中可交易的金融资产,如股票、债券等。

金融工具是用来证明贷者与借者之间融通货币余缺的书面证明,就好像两人借钱时写下的欠条。不过,与欠条不同的是,金融工具是一种有价证券,可以在金融市场上流通。这种流通在很大程度上取决于金融工具可以变为现实利益的速度。

作为流通工具,金融市场的流通速度更具有优势。比如,在我们身边的菜市场中,蔬菜的价格可能天天变动,也有可能连续几个月不再变动。即使是一般认为价格变动很大的电子产品市场,也都会遵循着生产技术提高就价格下降的平滑曲线变动。而金融市场中高速度流通带来的就是金融工具的价格以秒为单位在变动,比如,在股票价格变动图中,我们基本上找不到连续两分钟价格相同的一段曲线。

3. 交易对象

金融市场的交易对象是货币资金,这个前文已经说过。

货币资金的供求与金融工具的供求在方向上是相反的。简单地说,金融工具就是用来融资的工具,那么,为什么需要融资呢?这是因为资金量供应不足,因此就需要更多的金融工具来融资以弥补资金不足。反之,资金量供应能满足需要,不需要融资,也就不要那么多金融工具了。

4. 交易价格

金融市场的价格指金融资产所代表的价值,即规定的货币资金及其所代表的利率或收益率的总和。

金融市场的基本要素

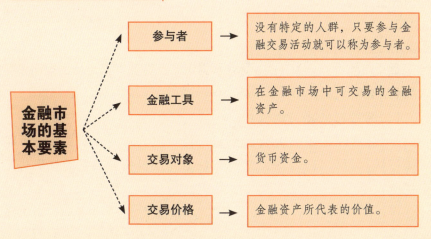

货币市场

金融市场可以分为很多市场，前面提到过，金融主要进行的是货币交易，所以，货币市场在金融市场中的地位最高，是金融市场的根基。没有货币就没有金融。

▶货币市场中全是货币吗？——什么是货币市场

很显然，任何一个金融市场的运行都离不开货币，但是这并不意味着货币的交易就是货币市场。货币市场确切的定义是进行短期融资的金融市场。

定义中所说的短期，一般认为1年以内，有时甚至仅为1天或半天时间。

金融风险与金融收益往往成反比，虽然货币市场风险小，但是投资人的收益往往也比较低。

因为在货币市场中，资金融通期限比较短，投资者可以在很短的时间内获得收益，所以货币市场风险比较小。

▶货币市场的分类

货币市场可以分为4类：商业票据市场、同业拆借市场、短期债券市场和可转让大额定期存单市场。

1. 商业票据市场

商业票据，我们在前面提到过，但一般人对商业票据市场可能不太了解。简单来说，商业票据市场就是交易商业票据的有形和无形场所。

商业票据市场一般被分为3个市场：票据承兑市场、票据贴现市场和本票市场。

票据承兑市场就是承兑票据交易活动的场所。企业将汇票通过银行转交给付款人进行承兑，才能成为金融市场上合法的有价票据，没有承兑的汇票在一定意义上说"一文不值"。

Easy-going

汇票分为即期汇票和远期汇票，即期汇票因为即出即兑，所以没有承兑问题。而远期汇票由于签发到承兑需要一定的时间，所以有时候会出现承兑问题。

票据贴现市场就是持票人到金融机构进行商业票据贴现的金融交易行为的场所，也就是说，我们可以拿着商业票据到银行去换钱，但换取的货币小于票据面额，这里边涉及一个贴现率的问题。

比如，A拿着一张面额1000元的汇票到银行要求贴现，银行的贴现率为5%，那么，A最后拿到金额为：

1000×（1-5%）=950（元）

当然，票据贴现还涉及票据期限的问题，这里只是为了方便理解和计算，将其忽略。

还有一个就是本票市场。前面提到过，本票的出票人是借款人，也就是说，如果你想向某一个人借一笔钱，就需要你自己签发一张本票，交给债权人，作为借款的信用凭证。

理论上，并不只是银行才有权力发行本票，企业和公司也可以为了筹集资金发行本票，甚至是我们个人同样可以发行本票。但是，通常情况下，以我们个人名义发行的本票一般不叫本票，而叫欠条。

不要认为每一家企业或金融机构都可以发行本票，只有那些信用度高、规模庞大的机构才有实力发行。

和其他所有的金融产品一样，本票发行的"准备金"就是企业的信用，财务状况不好或者金融信用不好的企业如果发行本票，也无人问津。

商业票据市场

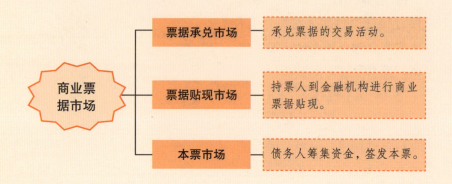

2. 同业拆借市场

同业拆借市场,就是进行同业拆借金融活动的场所。同业拆借,不是金融机构之间的收购、兼并,而是一种资金借贷行为。通俗地说,就是如果A银行缺钱了,向B银行借钱;如果B银行缺钱了,向A银行借钱。这种金融机构之间的借贷行为,就是同业拆借。

在某些特殊情况下,同业拆借率会高于中央银行再贴现率。

银行是企业的一种,所以有时候也缺钱,需要向同业求助借款。当然银行的缺钱和一般企业不一样,因为银行内部的资金流动性比较大,在短时间内可能会出现资金不足的状况。为了解决燃眉之急,就会向其他的金融机构借款,等过一段时间之后,获得收益,再归还欠款。

金融机构之间的同业拆借同样存在一定的利率,即同业拆借率。一般情况下,同业拆借率比中央银行的再贴现率要低。原因很简单,如果同业拆借率比中央银行的再贴现率高的话,所有金融机构之间的同业拆借行为就会停止,会统统转为向中央银行再贴现。

3. 短期债券市场

从发行期时间上划分，可以把债券划分为长期债券、中期债券和短期债券，而短期债券市场就是交易短期债券的有形和无形场所。

短期债券，一般说的是那些1年之内的债券。1年之内，包含两层含义：一个是债券本身发行的期限就是1年，一个是债券本身发行的期限在1年以上，只是随着时间的流逝，剩下的期限不足1年。

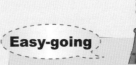

可转让大额定期存单的利率一般比同等期限的银行存款利率高，不然的话，人们就没有必要购买它，还不如把钱直接存到银行获得更高的收益。

相对于长期债券来说，短期债券更容易在金融市场上流通，如果相同利率的情况下，短期债券比长期债券更有吸引力，比如，一张3个月的债券，相对于一个3年的债券，相同资金能更快获得收益。正因为如此，长期债券只有利率和信用价值更高，才能有竞争力。

同样是短期债券，国债比较受欢迎，企业债券就比较受冷落。理由不言而喻，国债信用度高，购买它的债权人基本上只赚不赔。企业债券就不一样了，它有可能让债权人赔钱，甚至连本钱都无法回收。

4. 可转让大额定期存单市场

这个名字看上去很复杂，其实非常简单。定义中大额就是指面额比较巨大，可转让指存单可以像债券一样在金融市场上流通。可转让大额定期存单，就是可以在金融市场上流通的，面额比较巨大的定期存单。而可转让大额定期存款市场就是交易可转让大额定期存单的场所。

平时，我们都是主动到银行存款，领取存单。但是，银行的活期存款利息少得可怜，定期存款又不利于资金的周转，所以很多人把钱投到了债券和股票中，这样银行的存款就会减少。

为了增加存款，银行从被动接收存款到主动出击，出售大额定期存单让民众来购买,上面标有利率、时间、面额等具体信息这其实是变相的存款,是银行提高储蓄率的一种做法。

各类商业市场

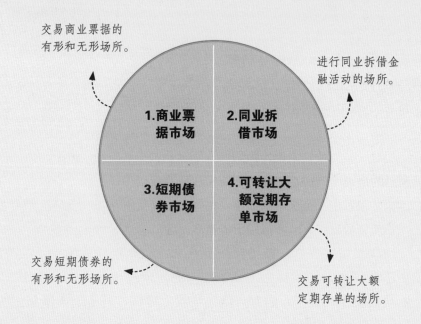

More

本票的使用

理论上,本票上要明确写出债权人和债务人的名字,但事实上只要写上债务人一个人的名字就可以了。因为债务人是出票人,而债权人是持票人,债权人只需要拿着本票给债务人就可以。一般情况下,谁手里拿着本票,债务人就把钱还给谁。

股票市场

> 股市有风险，入市须谨慎。我们去证券交易所购买股票，会看到这样类似的标语，但还是有很多人冒着风险去炒股。有的人在股票市场中大发横财，有的人却血本无归。风云变幻的股票市场里到底有什么玄机？

▶认识股票市场，从认识股票开始

很多经济著作中对股票做了这样的定义："股票是股份公司发给股东的入股凭证，并可以取得股息收益的一种有价证券。"

当然，这个定义具有很大的欺骗性，因为此定义强调股票的收益，而忽视股票的风险。股票的确可以让我们分得股息收益，但是不要忘了，它也可以让你赔得血本无归。我们购买了股票，只能从表面上证明我们是该有限公司的股东，并没有实质上的权力，你不可能去参加股东大会，也不可能为公司做出各种各样的决策。

Easy-going

公司破产之后，发行的股票并不是"一走了之"，股票持有者会得到该公司有限的补偿。

一般认为，股票有4大特点：无期性、股东权、风险性和流动性。

无期性，指购买者购买股票后不可能退票，只能卖给其他的意愿者，即炒股。"公司在，股票在。"只要公司还在，它发行的股票就不会消失；如果公司倒闭破产了，该公司的股票也就没有了存在的意义。

股东权，指股票持有者对公司享有的部分所有权或股权。对于我们这些大众化的股票持有者来说，无非就是可以获得公司的股利分红，对于那些大股东来说，则可以参加股东大会、进行投票表决等。

风险性，指股票具有一定的风险。众所周知，股票具有风险，一般投资股票的有两种人：穷人和富人。富人投资股票，可以获得丰厚的分红，就算股票下跌，对自己的经济影响也不是很大；穷人投资股票，要么成功，成为暴发户，要么失败，倾家荡产。所以，普通股民从买第一支股票开始，就要十分谨慎小心。

股票特点

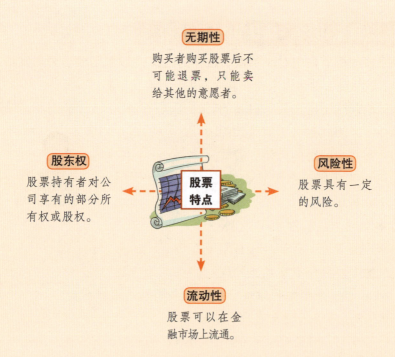

流动性，指股票可以在金融市场上流通。而且这里所说的流通是指股票时刻在流通，如果流通一旦中止，就会出现大故障。股票在金融市场流动的过程中，由于种种因素，实际价格会上下浮动，或高于票面价格，或低于票面价格。

小贴士

股迷父子

父：这次考试，行情如何？

子：发生崩盘，指数暴跌。

父：报一下收盘价位。

子：数学56，语文43，物理52，政治49，化学58。

父：怎么搞的？满盘皆墨。以前走势尚好，这次这么多翻空。

子：从基本面分析，平时上课因研究股市行情而没能好好听课；从技术面分析，这次监考太严，各种救市措施无法出台。

如何在股票市场中交易

股票市场，就是交易、买卖股票的有形和无形场所，那么，股票市场中股票是如何流通交易的呢？

1. 议价买卖和竞价买卖

议价买卖就是股票买卖双方一对一地面谈，讨价还价，从而实现交易活动。竞价买卖，同样是买方和卖方讨价还价，进行股票交易，不过买卖双方不是个人，而是由多人组成的团体。

相对于议价买卖，竞价买卖要复杂得多，因为不仅买方和卖方在进行着激烈的竞争，买方和卖方内部也在进行着激烈的斗争，双方最终的得胜者是买方出价最高者和卖方要价最低者。

2. 直接交易和间接交易

顾名思义，直接交易就是买卖双方直接进行股票交易，没有第三者"插足"，间接交易就是买卖双方委托一定的中介机构进行股票交易。

不要认为所有的股票交易活动都必须在证券交易所里进行。那些规模小、数额少的股票交易没有必要去证券交易所，买卖双方"私了"就可以；那些规模大、数量多的股票交易，个人没有能力承担，只能委托中介机构进行交易。

3. 现货交易和期货交易

这两个交易方式也不难理解,现货交易就是"一手交钱,一手交票",股票交易完成之后,当场钱票两清。期货交易就是股票交易完成之后,按照规定的日期进行清算。

我们不可能随身携带着股票和大笔的现金到处跑,所以期货交易在股票交易方式中十分普遍,也十分必要。茶余饭后,不经意间遇到一位大买家,约定时间,交割期货——这是常有的事。

股票市场交易方式

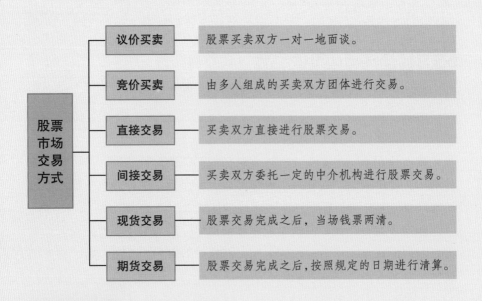

▶股票指数

股票指数,就是一大堆表明股票市场行情变动的参考指示数字,它是由证券交易所和金融服务机构编制的。其他机构不能编制,也没有这个能力编制,因为金融机构和证券交易所可以利用自己在业务和市场上的优势,第一时间了解最权威、最真实的股票行情,然后公开发布,并作为市场价格变动的指标——股票指数由此而来。

股票指数千变万化,人们不可能对市场上所有的股票都一一计算,因此,只能选择几个具有代表性的样本股票,然后计算这些样本股票的指数,将计算出来的数据对外公布,以表示整个股票市场的总趋势和涨跌幅度。

我国股票市场的三大指数

> **More**
>
> ### 股票的种类
>
> 专业的股民在讨论股票时往往提到A股、B股、H股、N股四个名词。A股又叫人民币普通股,是国内公司发行、供境内(不含港、澳、台)的组织和个人以人民币购买和交易的普通股;B股又叫人民币特种股票,是国内公司发行、供境外的组织和个人以外币购买和交易的外资股;H股又叫国企股,是在内地注册、在香港上市的外资股;N股是在内地注册、在纽约上市的外资股。

债券市场

股票和债券大同小异，股票市场和债券市场差距也不是很大，前者是交易股票的市场，后者是交易债券的市场。相比之下，债券市场比股票市场更加安全，有着自己的特色。

认识债券市场，从债券开始

对债券权威的定义是政府、金融机构和企业为了筹集资金而发行的、到期还本付息的有价证券，也就是说，债券就是证明"债"关系的有价证券。

Easy-going

企业破产后，股票就成了废纸，而债券则可继续追债。

相对于股票来说，债券的安全性高一些。股票分红会受到企业经营效益的影响，但债券不会，就算企业亏损，到期也要一分不少地把钱还给购买者。

债券也可以在市场上流通，但是其流动性不如股票。原因很简单，因为债券的收益性比较稳定，一旦买入，没有特殊情况不会卖出。在金融活动中，听得最多的就是"炒股"，很少有听说"炒债"的。这里所说的"炒"就是形容有价证券在买家手中来回折腾的样子。

债券市场的类型

按照不同的标准，可以把债券市场分为不同的类型。

按照债券市场的基本功能，可将债券市场分为发行市场和流通市场。

发行市场，即债券一级市场，是政府、企业和金融机构首次发行新债券的市场；流通市场，即债券二级市场，是流通、买卖已发行债券的市场。

债券发行市场和流通市场，两者缺一不可。只有发行没有流通，会导致债券市场后劲不足，有可能让债券的发行机构筹集不到足够的资金；债券发行市场是流通市场的源头，没有发行就没有流通。

按照债券市场的组织形式，可将债券市场分为场外市场和场内市场。

Easy-going

债券场内市场没有规定债券价格的权力，也不会参与其中的债券交易活动，只是提供一个方便、快捷的交易服务。

债券市场的类型

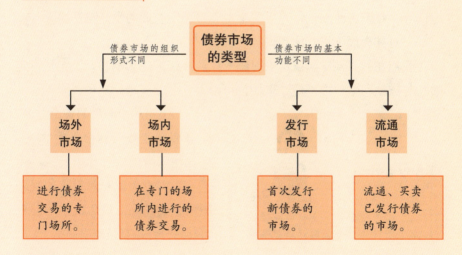

场内市场，就是进行债券交易的专门场所。比如，上海证券交易所和深圳证券交易所，我们平时见过的那种拥有成百上千台电脑的交易市场，就是债券场内市场。

与场内市场相反,不在专门的场所内进行的债券交易,就是场外市场,最为常见的就是柜台市场。如果不好理解,我们可以把柜台债券市场想象成去超市柜台结账,我们把钱给售货员,售货员给我们商品。同样的道理,我们给证券经营机构钱,它们给我们债券。

▶为什么要发行债券——债券市场的作用

做任何事情都有它的目的,债券市场也是如此,政府、企业和金融机构不会毫无缘由地发行债券。为什么要发行债券?因为债券市场在金融活动中具有重要的作用:

1. 筹集社会资金

与银行提高存贷款利率相同,利用债券市场筹集资金,对于政府和企业,都是一种不错的吸纳社会闲散资金的方法。

对于政府来说,筹集资金主要用于进行国民经济建设。我国有很多一级工程都利用债券市场筹集资金,比如,三峡工程、京九铁路、北京地铁等。对于企业来说,筹集资金主要是用于企业的生产与发展。

2. 对社会经济进行宏观调控

我们花钱买债券,就可以对整个国民经济产生影响吗?答案是肯定的!与贷款利率一样,债券市场也可以对社会经济进行宏观调控。

如果市场中闲散的资金过多,经济疲软,政府就会发行债券,将这些闲散的资金集中起来,用于一系列重大工程建设,加强经济增长的劲头,最后我们还能获得利息分红,真是一举两得。

Easy-going

因为债券基本上都能获得回报,所以可以最大限度地把资金投入到市场中。

3. 促进企业的优胜劣汰

企业的生死存亡一定程度上与此相关。规模大、信用度高的企业发行的债券,很多人都敢买,而那些规模小、信用度低的企业发行的债券,没有几个人敢买。这就会导致一种现象：规模大的企业会很容易筹集到资金用于再生产，而规模小的企业很难筹集到资金，无法进行下一步的生产。

长此以往，那些信用度高的企业会在激烈的市场竞争中生存下来，而那些信用度低的企业因为无法获得生产资金而被市场淘汰掉。

债券可以分成很多种，听得最多的就是国债了。顾名思义，国债就是以国家为主体发行的债券，又叫国库券。在所有债券里，国债的信誉度最高，因此，常常被人们称为"金边债券"。

债券市场的作用

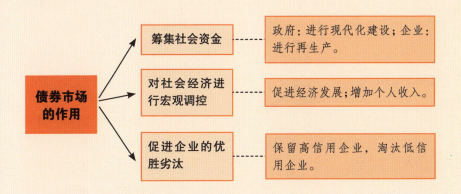

提到债券，不得不谈债权人和债务人。对于国债来说，债务人当然是国家，而债权人则比较多样，既有公民也有组织，既有国内法人也有国外政府。

按照时间的长短，国债可以划分为短期、中期和长期3种国债。短期国债的发行期限在1年以内，中期国债的发行期限是1年以上（包含1年）、10年以下（不包含10年），长期国债的发行期限是10年以上（包含10年）。长期国债要注意这么一点，因为它的时限很长，而且量大，如果一旦收回，就会造成大批资金流入社会，所以，债券的发行也会影响到币值和物价。

金融衍生工具市场

整个金融市场，不仅仅有货币市场、股票市场和债券市场，还有金融衍生工具市场。除了这些主体市场外，金融衍生工具市场也是金融体系的重要组成部分。

▶金融衍生工具市场概述

衍生，就是演化而来的意思，顾名思义，金融衍生工具市场就是从金融市场中演化而来的一个工具市场。

20世纪60—70年代，金融衍生工具市场才获得了迅猛发展，在所有的金融市场中算是最年轻的。

在金融衍生工具市场出现之前，期权的定价是一个世界性的难题。各国金融学家经过多年研究，也没有找出一个最满意的答案。直到20世纪70年代初，斯科尔斯和默顿提出了著名的期权定价公式，让金融衍生工具市场蓬勃兴起。

Easy-going

期权的定价包括标准券、转换因子、可交割债券，最便宜的是可交割债券。

▶金融衍生工具市场的类型

金融衍生工具可以根据不同的市场分为不同的类型，大体上可以分为：金融远期、金融期货、金融期权和金融互换。

这四种分类表面上看没有合适的标准，但从理论上来说它们是根据"标的物"来划分的。

标的物就是金融双方交易的对象。这种交易对象不限于形式，既可以是有形的实物,也可以是无形的权益。比如,A 和 B 要交易 1 000 辆汽车,那这 1 000 辆汽车就是标的物;A 和 B 要交易债权权益,那这个债权权益就是标的物。

1. 金融远期

金融远期,指金融交易双方按照约定的价格,在约定的日期(一般来说时间很长)进行标的物交易的活动。A 企业购买 B 企业 1 000 台电脑,约定价格是每台 2 000 元,交易时间为 1 年后——这种行为就是金融远期交易。

金融远期交易行为优势相当明显。比如说,A 企业购买 B 企业 1 000 台电脑,约定价格是每台 2 000 元,1 年后,就算由于通货膨胀等原因导致物价上涨,B 企业也只能以当初约定的价格销售。当然,反过来说,如果 1 年后物价下跌,那吃亏的只能是 A 企业了。

金融远期交易是对未来不确定的市场变化状况进行提前规定,而未来的物价变化可能引起

金融远期交易一般都是在场外市场进行,而且是一对一直接交易。

其他金融市场更大幅度的变化。在金融远期交易中,无论 A 获益还是 B 获益,物价变化的影响就到此中断。这有利于金融的稳定的发展。

2. 金融期货

和金融远期交易一样,金融期货也是金融交易按照约定的价格,在约定的日期进行标的物交易的活动,但是金融期货的标的物只是金融工具,如存单、证券等各种票据。

金融期货还可以进一步细分为 3 类:外汇期货、利率期货和股票指数期货。外汇期货,就是以金融工具外汇作为标的物进行交易,同样的道理,利率期货就是以利率作为标的物进行交易,股票指数期货就是以股票指数为标的物进行交易。

3. 金融期权

虽然从名字上，金融期权与金融期货只有一字之差，但其实际内涵的差距还是很大的。前文提到，金融期货是以金融工具为标的物，而金融期权是以期权为标的物。

金融期权交易人一方是"买权人"，一方是"售权人"，也就是一种"权钱交易"。"买权人"支付一定的费用之后，就可以获得"售权人"出售的一些权力。

其实，金融期权的标的物比金融期货的范围广。金融期货只限于各种金融工具，而金融期权涉及各个方面，无论是商品期货还是金融期货，只要是"权钱交易"。就是金融期权。

我们可以把金融期货作为标的物进行期权交易，却不能够把金融期权作为标的物进行期货交易。你明白了吗？

小贴士

金融杠杆

现实生活中，100元只能买100元的东西，而在金融市场特别是金融衍生工具市场中，100元可以买到好几百元的东西。小王有100元，先购买股票，然后作为金融期货，依据股票指数和别的人进行担保抵押，从他人那里获得100元的东西，也可以通过金融互换，置换别的升值产品。这个过程，流通一次就让小王获得一次收益，也就是100元有了很多个100元的回报。

4. 金融互换

这是一种新生的金融衍生工具。根据互换对象的不同，可以将金融互换细分为资金互换、利率互换、负债互换与资产互换。

很容易理解，资金互换就是金融双方互换不同币种但币值相等的资金。同理，利率互换就是互换利率，负债互换就是互换债务和债权，资产互换就是互换资产。

其实，金融互换就是互换金融，只不过为了在称呼上和前3者加以区别，公众才称之为金融互换。

金融衍生工具市场类型

小贴士

IBM与世界银行的"互换交易"

20世纪80年代，IBM公司急需一笔巨额的美元资金，但是只能筹集到法郎和马克（德国货币），与此同时，世界银行正急需一笔法郎和马克来换取巨额的美元。所罗门兄弟公司（属花旗集团）"搭桥牵线"，让IBM和世行签署协议，进行互换资金，从而满足双方的资金需求。

这就是世界上第一笔互换业务。

第6篇

国际金融

人与人之间可以进行金融交易，国与国之间同样可以进行金融交易，这就是国际金融。

与国内金融相比，国际金融有着更大的风险，也有更复杂的背景，要在国际金融市场上如鱼得水，更是非常困难。

本章教你：
▶什么是金融活动
▶如何做到国际收支平衡
▶汇率的计算方法
▶外国人怎样看汇率
▶外汇储备与管理方法

国际金融概论

以前绕地球一圈需要一年，现在只需要一天。地球变"小"了，金融也掺杂进这个变"小"的阵容里面。我们现在可以拿着一大笔钱，轻而易举地到国外开展国际金融。这意味着国际金融学的应用在全球化的今天越来越重要了。

❯ 什么是国际金融

所有人出入境都要受到海关的控制，而资本的出入境则完全不受政府控制。

国际金融，顾名思义，就是跨出国界，在国外的金融市场进行金融交易活动。

其实，国际金融非常简单。我们把商品运到国外销售，将赚得的外币运回国内进行兑换，国际金融就产生了。

国际金融由很多体系构成，比如，国际收支、国际汇兑、国际结算和国际投资等，但是每一个体系都不是独立存在的。原因很简单，如果某一家企业进行国际收支，那就肯定会涉及国际汇兑和国际结算。国际汇兑率变化一个百分点，就会对国际收支和国际结算产生重大的影响。

❯ 国际金融的场所——国际金融市场

前文中提到过，各种金融交易活动都有自己专门的金融市场，国际金融也不例外，国际金融市场就是进行国际金融交易的场所。

国际金融市场有狭义和广义之分。狭义的国际金融市场指的是在国与国之间进行投资和融资的场所；广义的国际金融市场除了货币的投资和融资外，还包括外汇市场和黄金市场。

绝大部分的国际金融市场都是无形市场。比如，中国的"两桶油"，中石油和中石化要在伊朗投资建厂，这两家企业完全没有必要拿着巨额资金到证券交易所进行交易，而是只需要把钱汇到当地银行，再由当地银行出资投资建厂。

虽然，现在越来越多的国家都开始建设属于自己的国际金融中心，但是无形的国际金融市场仍然占据着主要地位，并在国际金融交易中发挥着重要的作用。

我们不能忽略有形的国际金融市场，最典型的有形国际金融市场就位于美国纽约的世界贸易中心。

在岸金融市场与离岸金融市场

国际金融市场中最典型的两个市场就是在岸金融市场和离岸金融市场。其中，在岸金融市场指居民与非居民之间进行国际金融交易的市场；离岸金融市场指非居民与非居民之间进行国际金融交易的市场。

以上定义中提到的"居民"是本国居民，"非居民"是外国居民。由此，我们可以得出一个比较通俗的定义：在岸金融市场就是本国企业在外国进行金融交易；离岸金融市场就是本国企业在外国开设一个银行账户，直接在外国进行金融交易。

在岸金融市场与离岸金融市场的区别

离岸金融市场基本上不受所在国税法和经济制度的影响，所以很多的跨国大公司都采用这种市场形式。

市场形式	借贷关系	金融管制	交易范围
在岸金融市场	"居民"与"非居民"	受所在国税法和经济制度的影响	本国货币
离岸金融市场	"非居民"与"非居民"	不受所在国税法和经济制度的影响	外国货币

假如，你要花 5 000 块钱买一部苹果手机，如果你把钱打入苹果公司在中国的银行账户，那么，对于苹果公司来说，开展的就是离岸交易；如果你直接把钱打到苹果公司位于美国的银行账号，苹果公司进行的就是在岸交易。

在我们的日常生活当中，离岸金融市场非常普遍。

现在，越来越多的公司在国外投资建厂，而不是把生产的产品直接出口。比如，我们身上穿的阿迪达斯并不是从德国进口，而是在中国本地生产的。而我们买一双阿迪达斯鞋，支付的货币首先会进入阿迪达斯在中国的账户，而不是直接进入其所在国的银行账户。

其实，无论是在岸金融市场还是离岸金融市场，都很好地促进了国际金融的发展。它们可以聚集国际闲散资金，把"死钱"变"活钱"，用来进行国际的金融贸易，让跨国公司的资本运营更加便捷、频繁。此外，还可以调节贸易逆差国和顺差国之间的收支平衡，在很大程度上缓解了国际收支不平衡的压力。

More

看起来很美的离岸金融

离岸金融业务活动很少受法规的管制，手续简便，低税或免税，效率较高。而且，离岸金融市场利率以伦敦银行同业拆借利率为标准。一般来说，其存款利率略高于国内金融市场，而放款利率又略低于国内金融市场，利差很小，更富有吸引力和竞争性。所以，世界上的很多小国、岛国在自然资源匮乏的情况下，通过设立离岸金融中心获利。如维尔京群岛、开曼群岛、巴哈马群岛、百慕大群岛、西萨摩亚、安圭拉群岛，等等。但是，对于中国这样的大国来说，设立离岸金融中心不一定就利大于弊。

国际收支

在国际金融市场进行金融活动,一定要做到心中有数,收入的每一笔钱、支出的每一笔钱都要记录在国际收支平衡表中。对一个国家来说,国际金融无论如何发达,维持本国的国际收支平衡才是最重要的。

▶什么是国际收支

国际货币基金组织对国际收支下了这样一个定义:"国际收支是一张统计报表,系统地记载了在一定时期内经济主体与世界其他地方的交易。"

国际收支是一张统计报表,也就是说,国际收支不是一个过程,只是一个结果,或者说是只是一张写有各种数字的纸。就好像企业年终财务报表,在过去的一年中,企业资金收入支出的具体过程并不会记录在财务报表中,只有最后收入支出的具体数额才会记录在内。

国际收支的项目很多,不仅包括商品和服务的交易,还包括金融债权和债务的交易。

国际收支记载了一定时间内经济主体与世界其他地方的交易,这里所说的"一定时间内"通常是一年,"经济主体"指的是国家和地区。一般情况下,涉及国际收支的经济主体是独立的国家,但是,有的地区也有权开展国际金融交易,比如,中国香港、中国澳门和中国台湾。

国际收支记录的绝大部分是居民与非居民之间的金融交易。

对国际收支来说,重要的是国界,而不是国籍。如果一位美国人在中国享有永久居住权,他购买美国出口的商品,同样不会引发国际收支。同样的道理,一位长期居住在美国的中国人,购买中国出口的商品时,也不会引发美国的国际收支。通过国籍区分百姓主要为国民和非国民,而拥有外国国籍的人在校园内用人民币进行消费和交易当然和国际收支扯不上关系了。

国际收支平衡表的内容

国家的收支状况最后表现在国际收支平衡表上,不同的国家,国际收支表的记录内容也会不同。也就是说,就算你对中国的国际收支表了如指掌,也不一定会记录美国的国际收支表。但是,国际货币基金组织对于国际收支平衡表的内容有一个通用的编制,里面的内容主要有3个方面:经常项目、资本和金融项目、误差和遗漏项目。

1. 经常项目

经常项目一般会记录3个子项目:货物和服务、收入及经常转移。

货物和服务就是居民与非居民之间交易的实物商品和无形的服务,收入是取得的国际工资收入和跨国投资收入,经常转移主要是指资产所有权的转移或放弃。

Easy-going

债权人不求回报地取消债务人的债务也属于经常转移,比如,中国无条件取消日本对我国的巨额欠款。

2. 资本和金融项目

资本项目包括两个方面:金融资产的转移和非金融资产的收买。固定资产所有权的转移、取消债务人的债务等属于金融资产转移,注册的公司名称、企业信誉等各种无形资产的交易非金融资产收买。

金融项目包括货币投资、证券投资、储备资产和其他投资。拿货币投资来说,如果A企业引进一笔外资,那么,这位投资人就在他所投资的企业享有永久权益,直至他撤资为止。

3. 误差和遗漏项目

再尖端的科技都无法避免误差，更不要说国际金融了。理论上，国际收支平衡表上记录的数字收支是持平的，但是，由于各种各样的原因，在现实金融交易活动中，是无法达到真的平衡的，而那些误差和遗漏的部分，就会在"误差和遗漏"项目中反映出来。

4. 储备与相关项目

储备与相关项目包括外汇、黄金和分配的特别提款权（SDR）。

其中，特别提款权是以国际货币基金组织为中心，利用国际金融合作的形式而创设的新的国际储备资产。它是国际货币基金组织（IMF）按各会员国缴纳的份额，分配给会员国的一种记账单位，1970年正式由 IMF 发行，各会员国分配到的 SDR 可作为储备资产，用于弥补国际收支逆差，也可用于偿还 IMF 的贷款，又被称为"纸黄金"。

国际收支平衡表的内容

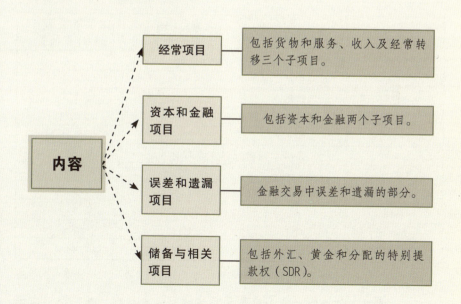

汇率的制定

如果 A 国规定自己的货币价值，而 B 国不给予承认，那么，A 国与 B 国间的汇率就不存在，而两国之间的贸易要么消失，要么需要另外国家的货币给以帮忙，或者用黄金直接交易。在国际市场上，汇率的制定是由经济而不是法律规定的。

▶ 购买力平价是汇率的基础

用于计算购买力的商品必须是全球生产经营的，以下商品不能用于购买力评估：各国家（或地区）的特色商品，比如，中国的茶叶、巴西的牛肉；国家战略性资源、商品，比如，稀土资源、军事工业产品；受

大麦克平价指数

国家	货币	大麦克平价（对美元）	实际汇率（对美元）
中国	人民币	3.42	7.77
日本	日元	87	121
欧盟	欧元	1.10	1.30
英国	英镑	1.62	2.13
加拿大	加元	1.13	1.18
挪威	克朗	12.9	6.26
瑞士	瑞士法郎	1.95	1.25
澳大利亚	澳元	1.07	1.29
泰国	铢	19.3	34.7
新加坡	新元	1.12	1.54
菲律宾	比索	26.4	48.9

数据来源：2007年7月1日英国《经济学人》网站

注：被用来作为衡量货币价值的商品的大麦克指数，是一个用来衡量各国购买力平价，以及汇率高低的非正式经济指数。

各国政策法规等限制较大的产品,比如,毒品、黄金等。

实际购买力的评估往往借用一些全球性大企业的生产必需品购买数进行计算,比如,麦当劳、肯德基、雪碧等。这些产品往往具有以下特点:全球流通,生产周期短,供给和消费之间的交换环节短暂,价值较小,用途单一。

把全球各国的麦当劳所销售的大麦克价格化成指数,成为大麦克平价。这时,可以通过大麦克平价来观察实际购买力和汇率的差别。

Easy-going

麦当劳是全世界知名的企业,所以经济学上也以麦当劳的一个汉堡在全世界的价格作为指标,称为大麦克平价。

> 小贴士

100万能买什么房子

100万人民币折合约15万美元,在世界各地能买到这样的房子:莫斯科,两卧室、两浴室;澳大利亚的德利坤尼,五卧室、三浴室;新西兰,四卧室、两浴室;智利的比亚里,三卧室、三浴室;而在北京100万能购买一套50平方米的毛坯房,而在中国东部地区的新兴城市温州,100万只能买个卫生间。通过房子作为评价物,我们也可以看到人民币的购买力大小。

▶汇率机制

上面的例子中,其实都应该明确表明时间,而且应该精确到秒,因为在国际市场自由交易货币,货币的实际价值会急剧变化,对进出口造成很大影响,甚至会造成国内经济混乱。因此,在浮动汇率机制下,有些国家的汇率维持着不变的局面,称作固定汇率机制。

这种制度规定本国货币与其他国家货币之间维持一个固定比率,汇率波动只能限制在一定范围内,由官方干预来保证汇率的稳定。在国际市场上,固定汇率机制的前提是金本位制,所有的货币都有实际的含金量。

一个国家的中央银行会采用货币贴现率方法、黄金储备变动、外汇管制、向货币基金组织借款、政府决定货币升值和贬值等手段来固定汇率，这被称为固定汇率制度。而如果政府和中央银行在原则上不加限制，也不承担稳定汇率的义务，这样的汇率机制就是浮动汇率制。也就是一国货币的汇率并非固定，而是由自由市场中资金的供给关系决定。

日本汇率机制的选择

固定汇率机制

20世纪50—60年代，日本在经济上依附美国，是布雷顿森林体系成员1美元=360日元 一盎司黄金=35美元。

1971年，美国宣布放弃金本位制。
1973年，日本正式确定浮动汇率机制。

浮动汇率机制

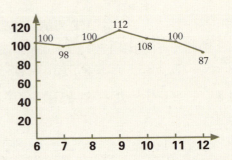

❯我国现行的汇率机制

各种汇率机制都有着各自的优缺点，而且在全球市场不发达的时代，固定汇率制更有利于保护本国经济，因此，许多国家汇率机制的选择往往是外部推动的痛苦过程。

我国汇率机制既不是固定汇率，也不是浮动汇率，采取的是介于两者之间的资本管制。原因就是我国产业结构已大幅改变，固定汇率已经阻碍了市场经济发展，但是浮动汇率机制下，经济变化更加剧烈，鉴于我国还处于发展中国家的现实，所以采取可以变更汇率，经济学中称之为"可调整的钉住汇率"。

不同国家的汇率是如何计算的

开展国际金融，不可避免地会与外汇、汇率打交道。到底什么是外汇？外汇就是外国货币吗？为什么1美元可以换7元人民币，而不是1元人民币换7美元？这些都是国际货币兑换计算的问题。

▶ 你了解外汇吗？

国际货币基金组织（IMF）对外汇做了这样的定义："外汇是货币行政当局（中央银行、货币管理机构、外汇平准基金及财政部）以银行存款、财政部库券、长短期政府证券等形式保有的在国际收支逆差时可以使用的债权。"

从定义中，我们很容易看出，外汇不仅指外国货币，还包括一系列的有价证券（如债券和股票）、信用票据（如汇票、本票和支票）及支付凭证（如银行存款凭证）。

我们经常在新闻上听到中国拥有巨额的外汇储备，但这并不意味着我国拥有这么多的外国现钞，因为，外汇储备是外币、票据、债券等所有外国权益凭证的总和。

小贴士

存哪种外汇

每个国家都有外汇，然而世界上有那么多国家，存哪种外汇合适呢？这是个选择问题。其实，对国家来说，外汇的选择随着国际环境的变化而变化。在前几年，大部分国家的外汇是美元，后来随着欧元的强势崛起，欧盟欧元的保值系数、购买力、升值空间，都超过美元，于是，许多国家就掀起了一股抛售美元，买入欧元的浪潮。

汇率及其表示方式

开展国际金融交易,肯定要和汇率打交道。因为,不同的国家使用的货币也不相同,要想进行国际交易,就要把本国的货币换成等值的外国货币,这就涉及了汇率。

汇率指的是"一国货币兑换另一国货币的比率"或"是以一种货币表示另一种货币的价格"。

假设A为本国货币,B为外国货币,我们可以用直观的公式来表示两种外汇表示方式:
直接标价方式:A/B
间接标价方式:B/A

当然,也有观点认为汇率是"一国货币对另一国货币的相对比值"。比如,现在美元对人民币的汇率约为6(为了方便理解,取整数),也就是1美元可以兑换6元人民币,但是1美元除以1元人民币,结果不是6而是1。

我们不仅要了解汇率,还要了解汇率的表示方式。

一般,把汇率的表示方式分为两种:直接标价方式和间接标价方式。

拿美元和人民币来说,直接标价方式就是1美元可以兑换多少人民币,也就是固定外币为单位数量;间接标价方式就是1元人民币可以兑换多少美元,也就是固定本国货币为单位数量。

2012年5月9日上午10点的汇率表

外币币种	交易单位	中间价	现汇买入价	现钞买入价	卖出价
美元	100	631.00	629.61	624.56	632.14
英镑	100	1018.18	1013.90	981.83	1022.05
欧元	100	818.66	815.22	789.43	821.77
港币	100	81.29	81.11	80.54	81.44
日元	100	7.90	7.86	7.61	7.93

汇率的种类

前面表格采用的是汇率直接标价方式，单位外币（100）可以兑换多少人民币。如果以美元的中间价为例，也就是说100美元可以兑换631元人民币。

在前图的表格当中提到的"中间价""现汇买入价""现钞买入价"和"卖出价"就是汇率的种类。

现汇，是指从境外汇入、寄入的各种外币票据和有价凭证；现钞，指从境外直接带入国内的外币现钞。也就是说，如果购买100美元的票据，需要支付629.61元人民币，如果购买100美元的现钞，需要支付624.56元人民币。

100美元的票据和100美元的现钞是等值的，但是100美元的票据从美国汇到我国，银行只需要进行账面上的划拨就可以了，但是，美元现钞就不一样了。在我国，外币现钞是不允许在境内流通的，银行要想把100美元运到国内，需要支付运输费、保险费、包装费等，所以现钞买入价会包含这些成本，价位自然就低。

如果把外币看成一般商品的话，卖出价就是外币的"标价"。以英镑为例，每卖出100英镑，就会获得1 022.05元人民币。

而中间价是现汇买入价与卖出价的平均值，计算公式为（现汇买入价 + 卖出价）÷ 2。

> **More**
>
> **变废纸的外汇**
>
> 外汇必须是以外币表示的，而且可以直接用于国际结算和对外清偿债务。如果一国的外汇储备虽然是外币，但是既不能用于国际结算，也不能对外清偿债务，哪怕数额再大又有什么用？

是谁规定了汇率

人民币兑换美元的汇率一直快速攀升,从最初的 8 元人民币到现在的 6 元多,也许用不了多少时间就会突破 6 元大关。很显然,这个过程不是中国政府或者美国政府能够控制的。在国际市场上,汇率是由复杂的经济因素决定的。

▶汇率是怎么来的

虽然世界上有很多国家,使用不同的货币,但是用货币交换的其他商品本质是相同的。在美国,一个鸡蛋要卖 10 美分,在中国,一个鸡蛋要卖 8 毛钱。如果一位美国人到中国来买鸡蛋,他用 10 美分就能买到一个鸡蛋,相当于中国的 8 毛钱,这样汇率就产生了,即 8∶1,也就是 10 美分和 8 毛钱人民币代表的价值是一样的。

当然,现在的国际金融交易不会像买鸡蛋这么简单,但是原理是一样的。比如,将来的某一天,美元对人民币的汇率变为 1∶6,也就是说在中国用 6 块钱人民币买的东西在美国花 1 美元就可以买到。

然而,从上文的例子中可以看出,鸡蛋此时成了两国货币的参照物,但是,任何商品都有局限性,可能美国人比中国人更喜欢吃鸡蛋,那么,鸡蛋的实际价值在美国更高,如果据此制定的汇率,中国人就吃亏了,所以这个参照物的选择很重要。

现行各国汇率的制定确定以黄金为参照背景。如果 1 美元可以在美国买到一盎司黄金,6 元人民币可以在中国买到一盎司黄金,那人民币与美元的汇率就是 6∶1。

就算是美国大量地印刷美元,也不能够在中国兑换更多的人民币,因为黄金的价值摆在那里。以前 1 美元可以买一盎司黄金,现在需要 2 美元来购买,而在中国一盎司黄金还是 6 元人民币,那人民币与美元的汇率就会变成3∶1。

因此，加强本国货币实力的方式不是大量地印刷纸币，而是增加本国的黄金储备量，这是重商主义经济学派的观点，当然，此观点也不是没有缺陷的。

▶汇率并不是越高越好——汇率变动的影响

从表面上看，本国的货币对外国的汇率越高就意味着本国的货币越富裕，对国家越有利。其实不然，两国之间的汇率牵涉到一个国家货币的实际购买力问题，变动几个百分点都能造成巨大的影响，并非是越高越好。

1. 对进出口的影响

如果人民币升值，那么，相同数额的人民币可以兑换的外币就会增加，也就是说，在国际贸易中人民币值钱了。以前，进口一台苹果电脑需要3 000元人民币，现在只需要2 800元人民币。

Easy-going

并不是说人民币既不能升值也不能贬值，只要是以强大的经济实力做后盾，人民币升值或贬值对本国的进出口贸易都不会造成太大影响。

但是，如果人民币一味升值可不是什么好事。从国内的角度考虑，用相同数额的人民币可以买到更多的进口商品，越来越多的人会选择购买便宜的外国货而不是国产货，这样对于本国经济发展是相当不利的。从国外的角度考虑，外国企业要想从中国进口原材料就必须支付更多的成本，非常不利于中国出口贸易的发展。

总之一句话，如果人民币升值过快过猛，有利于进口，但不利于出口。

人民币贬值也不是什么值得庆幸的事。与人民币升值恰恰相反，人民币贬值就会有利于出口但不利于进口，比如，以前花3 000元人民币可以进口一台苹果电脑，现在可能要花3 200元。

2. 对国内物价水平的影响

一国货币汇率的改变，对本国国内的物价水平也有不可忽视的影响。我们还是以人民币为例，来具体说明一下。

人民币汇率下降，人民币贬值，就会扩大出口，赚取大量外币。可是，如果出口的商品量过多，就会加剧我国国内的供需矛盾，特别是粮食这种关系国计民生的商品。本来国内的粮食供应就紧张，现如今还要大量出口，留给本国人民的粮食少了，物价自然会上涨。

对于那些从国外进口原材料的企业来说，人民币汇率下降肯定不是一个好消息。在国际金融交易中，人民币不值钱了，以前进口1吨铁矿石需要1000元人民币，如今需要1200元。企业的进口成本增加，生产出来的产品售价自然也会增加。

3. 对就业的影响

一国汇率下降，货币贬值，可以扩大该国企业的出口量。企业为了与巨大的销售量相配，就会扩大生产，为社会提供更多的工作岗位，改善本国的就业状况。

Easy-going

在国际市场上，所有货币可以自由交换，所以，一国货币的升值或者贬值，都会造成国际市场上所有汇率的变动。

相反，如果该国汇率上升，货币升值，就会减少该国企业的出口量。销售量少了，经济效益减少，企业就会选择裁员，恶化本国的就业状况。

▶汇率变动

汇率的变动，无非只有两种形式：上升和下降，也就是我们通常所说的货币升值和货币贬值。货币升值即本国货币对外价值的上升，也被称为本国货币汇率上涨；货币贬值即本国货币对外币价值的下降，也被称为本国货币汇率下降。

汇率变动有两种形式：升值与贬值，上浮与下浮。两种形式虽然看起来差别不大，但有本质的区别：升值与贬值是在固定汇率制度下，由政府以法定的形式规定货币的含金价值；而上浮与下浮是在浮动汇率制度下，受到外汇供求关系的影响。如果外汇供过于求，汇率就会下浮，货币贬值；如果外汇供不应求，汇率就会上浮，货币升值。

汇率变动的影响

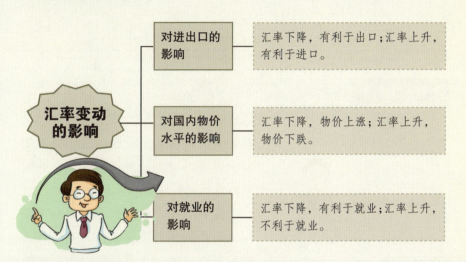

More

基本汇率和套算汇率

A 国与 B 国的汇率是 1:2，B 国与 C 国的汇率是 1:3，B 国与 D 国的汇率是 1:4，可以很容易地计算出 A 国与 B 国的汇率是 1:6，A 国与 D 国的汇率是 1:8。

也就是说，我们可以根据 A、B 两国，BC 两国和 BD 两国的汇率，计算出 A、C 两国与 A、D 两国之间的汇率。在这里，A 国与 B 国的汇率就是基本汇率。而 A 国与 C 国，A 国与 D 国的汇率就是套算汇率，因为这是根据 B、C 两国和 B、D 两国之间的汇率进行换算的结果。

既要会赚外汇，也要会管外汇

外汇是从国外流入本国的外国货币，因为关系到国际收支平衡和国际金融市场的稳定，所以风险性更大，也需要政府施加更大的力度加以管理。对政府来说，一方面要获得更多的外汇，另一方面要约束外汇不影响到国内的市场和经济。

▶外汇储备

外汇储备是指一切以外币表示的债权。也就是说，外汇储备不仅包括储备外国纸币，还包括储备外国的有价证券，比如，外国的国债、外国银行发行的各种票据等。

我们总能在新闻报道中听到一个国家有巨额的外汇储备，这并不代表此国有这么多的外币现钞，而是包括外币现钞以及等值的外国证券和外国票据所代表的全部价值的总额。

Easy-going

2012年，我国的外汇储备已经超过3万亿，位列世界第一。

▶外汇储备并不是越多越好

对个人来说，自己的存款越多就越好。但是，对于整个国家来说，外汇储备就不一定是越多越好，外汇占款是诱发通货膨胀的重要因素。

在整个的外汇储备中，外币现钞只占到了很小一部分，绝大部分都是各种各样的有价证券和票据。因为，每一个国家都不想自己辛辛苦苦印刷的纸币白白地流到国外。

拿中国和美国来说，到2006年底中国外汇储备余额就已经突破万亿美元大关，而到了2014年3月底中国的外汇储备余额接近4万亿美元，但是这之中绝大部分都是有价证券。也就是说，中国的企业辛辛苦苦把生产的商品卖到美国，换回来的不是美元现钞，而是一张张的美国债券。

假想：美国放弃纸币，或者因为国内经济波动，贬低美元的价值，或者要求延期支付这些等值的美元债券，那么，中国人民付出的劳动和商品就可能成了美国人民的免费"福利"。

当然。巨额的外汇储备也是有很多好处的，一国的外汇储备越多，在国际金融中平衡国际收支的实力就越强。也就是说，就算中国在国际贸易中出现了巨大的逆差，也不会对本国经济的发展产生多大的影响。

美元是世界上最大的外汇储备。

世界外汇储备排名前十

时间：2011年 单位：亿美元

排名	经济体	外储余额	排名	经济体	外储余额
1	中国大陆	30 446.74	6	韩国	2 936.42
2	日本	10 141.09	7	印度	2 750.19
3	俄罗斯	4 474.72	8	中国香港	2 725.00
4	中国台湾	3 926.30	9	新加坡	2 306.06
5	巴西	3 071.26	10	瑞士	2 254.72

资料来源：《世界经济》周刊第4期

外汇管理

狭义的外汇管理只是限于对本国与外国的货币交易行为进行管理；广义的外汇管理包括国际外汇的买卖、借贷、转移和结算。

按照管理程度，我们可以把外汇管理细分为3种形式：严格型外汇

经济比较落后的经济体一般实行严格型外汇管理，我国实行的则是部分型外汇管理。

管理、部分型外汇管理和完全自由型外汇管理。

严格型外汇管理，指对每一笔外汇交易都进行管理；部分型外汇管理只是对资本项目的外汇进行管理，而对那些经常性的项目则不进行管理；完全自由型外汇管理指对任何形式的外汇交易均不进行限制。

我国实行的是平衡型外汇管理方法。

外汇管理类型

▶中国的国际贸易外汇管理

中国既是出口大国，也是进口大国，所以，国际贸易的外汇管理必不可少。一般情况下，我们把中国的国际贸易外汇管理分为3类：出口收汇核销管理、进口付汇核销管理和贸易外汇账户管理。

从我国出口的每一笔商品和货物,都会有相应数额的外汇进入,出口收汇核销管理就是核对收回的外汇数额是否与出口的商品、货物等值。

从我国流出的每一笔钱,都会有相应数量的商品和货物进入,进口收汇核销管理就是核对进口的商品与货物是否与支付的费用等值。

至于贸易外汇账户管理则更容易理解,就是对外资企业和部分中资企业开设的外汇账户进行管理。每一年,外汇局都会对这些外汇账户的使用状况和真实性进行核实、检查。

中国的国际贸易外汇管理

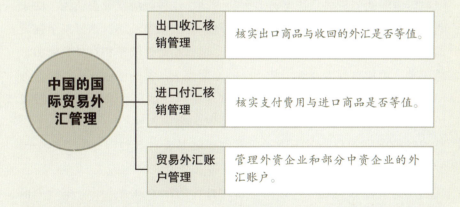

> **More**
>
> ### 升值与贬值
>
> 马克思认为,汇率就是两个国家之间货币的兑换比率,一般情况下,汇率不与货币平价相一致,而是上下波动。这种波动不是无范围的,最高界限是货币平价加黄金运输费用,最低界限是货币平价减黄金运输费用。马克思还认为,如果一国的对外支付大于对外收入时,该国的货币汇率就会下降;相反,如果一国的对外支付小于对外收入时,该国的货币汇率就会上升。

西方人对汇率持什么样的观点

汇率表以秒为单位变动,而且一点小小的变动都能引起经济学界的不小震动,但汇率不受丝毫影响,仍照自有的规律运行着。了解汇率,要更加深入地了解汇率变动的根本原因。

▶国际借贷说

国际借贷说是英国著名经济学家格森于1861年提出的,他认为,国与国之间的借贷关系决定着汇率的变动。这种经济学观点认为,如果两国出现大规模的借贷现象,就会出现剧烈的汇率波动。这里单单强调国际借贷,指的是一个国家或地区在一定日期对外资产和对外负债的汇总记录,更加直观地反映了某一时间空间点上,某个地区居民对外债务债权的综合状况。和国际收支的侧重点不同,这也反映出国际金融市场看重未来潜力的一个侧面,如果某国大幅借入债务,那么,这个国家给其他国家的信心就下降了,其结果就是会让其他国家降低这个国家的汇率。

一国外汇储备越多,该国本币对外币的汇率就会上升。举一个很

▋小贴士

两次世界大战之间的国际储备

第一次世界大战后,国际储备中外汇储备逐渐朝多元化方向发展,形成非典型性的多元化储备体系,但由于该体系不系统、不健全,因此,严格地说是一种过渡性质的储备体系。当时,充当国际储备货币的有英镑、美元、法郎等,以英镑为主,但美元有逐步取代英镑地位之势。

简单的例子,我国的人民币对美元的汇率为什么一直居高不下,而且还有步步攀升的趋势?在很大程度上是因为我国拥有数额惊人的美元外汇。

国际借贷说示意图

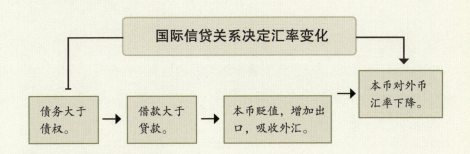

购买力平价理论

购买力平价理论是瑞典著名经济学家卡塞尔于1916年总结前人理论而发展得出的。

如今,很多美国人都来我国居住消费,假设他们可以直接用自己国家的货币在我国消费,我们买一台联想手机需要支付600元人民币,这些美国人买一台同样的联想手机需要支付100美元,那么人民币对美元的汇率就是6∶1——这就是购买力平价理论。

这种理论我们在前面提到过,对于不同国家的货币来说,购买同一种商品需要支付的面额自然不一样,两种货币面额之间的比值就构成了汇率。

还有一点我们必须要知道,由于品牌、型号、产地、成本等存在差异,要想解决国际汇率的换算问题,就必须找一个每个国家都能接受的商品,很显然,这个选择最终会确定在黄金上。

购买力平价理论有绝对购买力平价和相对购买力平价之分。绝对购买力平价是一个静态过程,反映的是某一时间点汇率的绝对水平,相对购买力平价是一个动态过程,反映的是某一时间段汇率的相对水平,绝对购买力平价决定了汇率的起点,相对购买力平价影响汇率的变化。

小贴士

巨无霸指数

英国杂志《经济学人》曾经在2008年根据购买力平价理论,公布了这么一组数据,一份巨无霸汉堡包的价格在中国是13.2元,在美国价格是3.73美元。它们由此推断,美元对人民币的汇率应该是1∶3.54,因此得出结论人民币的实际价值被低估。当然这个巨无霸指数并不"靠谱",因为中国人比较擅长制作这种食物,但是又不大爱好巨无霸汉堡——这也是购买力平价理论的通病,所有的评价指数在现实中都受到各种因素影响。

利率平价说

利率平价说是由英国著名经济学家凯恩斯于1932年提出的,该理论认为,汇率的出现和变化是由不同国家之间的货币利率差决定的。

凯恩斯可是一位了不起的人物,他被称为现代西方最有影响的经济学家之一,他提出的宏观经济学与爱因斯坦的相对论和弗洛伊德的精神分析法并称为"20世纪人类知识界的三大革命"。

凯恩斯认为,两国货币的存贷款利率之差应该等于两国货币汇率之差,我们以中国和美国的金融往来为例。如果中国境内的

Easy-going

西方人对汇率的理论还有很多,比如,蒙代尔和弗莱明提出的蒙代尔-弗莱明模型、斯特哥尔摩提出的货币分析法等。

存款利率比美国高,很多美国人就会到中国的银行来存钱,中国的外汇储备增加,人民币对美元的汇率就会上升。

但是在实际的国际金融活动中,两国货币的存贷款利率之差与两国货币汇率之差并不相等,各国的资本并没有像经济学家设想的那样,迅速地从各国市场中流动,到最高存款利率地区赚取利润。即使在全球化高度发达的今天,贸易壁垒、外汇投机和套利行为等因素的存在也都使利率的调整不能像经济学家设想中一样完美地调整。

西方汇率理论

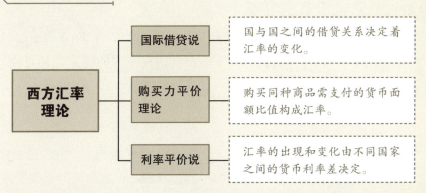

More

援助和借贷

在国际上,如果某地发生灾祸,其他国家会进行人道主义援助。比如,"5·12"地震时巴基斯坦就曾用长长的车队向四川地区输送大米和其他救灾物资。这些都是国际人道主义援助,是无偿的,我们经常从新闻中听到这样的消息。但是,国际借贷通常是需要付利息的,这在国际上往往是秘密的,而且国际借贷不一定发生在国家间。比如,甲午中日战争时,日本就曾向英国市场投放了3 000亿日元的国债。

在国外搞金融

金融活动的本质就是通过资本的流通来获得更合适的资源分配，从而促进财富的产生。而在国际金融市场上，资本流动虽然一方面起到了促进财富产生的作用，但是，更多的作用是平衡了国际收支，为投资者带来了巨大的利润。

▶国际金融的资本流动

Easy-going

要想让国际资本自由地在国与国之间流动，其前提是有一个健全、开放的国际金融市场和宽松的外汇资本管制。

顾名思义，国际资本流动就是资本在不同的国家之间流动。我们要注意一点，国际资本流动与国际货币流通等资产所有权的国际转移不同。

国际资本流动一般是以营利为目的，也就是说，一国资本流动到国外供其他国家的个人或集体使用，一段时间之后，接收资本的地区是要付给资本输出者本金和利息。而且，由于自然条件、产业结构、经济周期不同，各国资本的丰裕程度存在差异，投资机会多少不等，而资金具有趋利性特征，资本从低收益向高收益流动。哪个国家付给资本的利息最高，资本就流到哪个国家。除了追逐利润之外，国际资本流动还有保值、投机、防范风险、降低生产成本等目的。总的来说，都是为了利润的最大化。

国际货币流通是指，在商品流通的过程中，货币不断在买主和卖主之间转手。这种连续不断的转手，是以商品流通为基础的。货币只是作为价值尺度和流通手段出现。

资产所有权的国际转移,除了国际货币流通之外,还有国际援助、赠与、继承等不以营利为目的的形式。比如,一位欧洲的亿万富豪在逝世之前将自己所有的财产所有权都转移给非洲红十字会,那么,这位亿万富豪是资产赠与者,而不是投资者。

国际资本转移

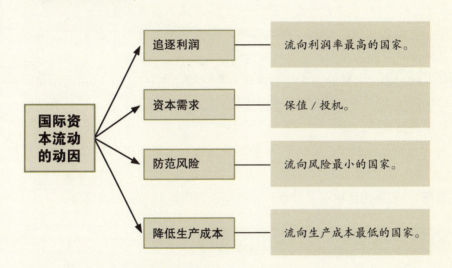

国际资本流动的分类

按照不同的标准,可以把国际资本流动分为几个不同的类型。按照资本流动的期限,可以分为长期资本流动和短期资本流动;按照资本的来源和用途,可以分为公共投资和个人投资;按照资本的性质,可以分为国际直接投资和国际间接投资。

长期资本流动是指,跨出国门的资本在境外流动了1年以上才连本带利地回到本国,短期资本流动的流动期在1年以内(含1年)。

公共投资指由中央和政府投资,用于在境外修建公共服务设施等,私人投资就是个人投资到国外的资本。

这里所说的生产要素不仅仅指货币，还包括劳动、技术、信息等。

国际直接投资指，一个国家的居民将生产要素投向国外，从中获取一定收益的行为；国际间接投资指通过金融中介机构——证券交易所进行投资的行为。比如，我们通过证券交易所购买其他国家的债券和股票。

穷国需要国际资本，理所当然，因为它们没有钱，必须依靠国际援助才可以渡过难关；正在发展的国家需要资金，因为它们正是"长身体"的时候，需要补充大量的"营养"才可以茁壮成长；富裕的国家同样也需要资金，为本国高成本的尖端科技及家庭高消费埋单，最典型的例子就是美国。

无论是从政治、经济、军事还是科技方面，美国都可以称得上是"大哥大"，但是，每年巨额的财政赤字总是让一届又一届的总统"抓耳挠腮"，还要跑到中国来筹钱，或者是让别国政府买美国的国债。

▶国际资本流动的四个指标计算

国际资本属于国际，在很多时候并不能明确归属于各国，所以，对各国特别是经济总量小的各国的经济系统的安全是个巨大的危险。所以，在关注国际资本流动的时候，必须关注负债率、债务率、偿债率和短期债务率。

1. 负债率

负债率＝外债总额/国民生产总值，如果某一国年底的国民生产总值是3 000亿，借得各种形式的外债总额为300亿，那该国的负债率=300/3 000=10%。一个国家的负债率不能超过10%，

在国际资本流动中，证券化的趋势越来越强，比如，债券和股票比货币使用的频率更高。

不然会严重影响本国经济发展。

2. 债务率

债务率 = 外债总额 / 外汇收入总额，如果某一国外债总额为 3 000 亿，外汇收入总额为 5 000 亿，那该国的债务率 =3 000/5 000=60%。一个国家的债务率如果超过 100%，就说明该国的国际支出大于国际收入，从而引发财政赤字。

3. 偿债率

偿债率 = 外债还本付息总额 / 外汇收入总额，如果某一国外债还本付息总额为 3 000 亿，外汇收入总额为 4 000 亿，那该国的偿债率 = 3 000/4 000=75%。一般情况下，偿债率的参照系数为 20%。

4. 短期债务率

短期债务率 = 短期债务 / 外债总额，如果某一国短期债务为 3 000 亿，当年的外债总额为 5 000 亿，那该国的短期债务率 = 3 000/5 000=60%。

国际资本流动四个概念

概念		
	负债率	表示欠多少外债。
	债务率	表示国际收支平衡状况。
	偿债率	表示偿还债务的经济实力。
	短期债务率	表示偿还外债的紧迫度。

第7篇 金融监管

俗话说,"无规矩不成方圆",任何事情只有加以一定的监管,才能促使其更健康地发展。金融也是如此。

到底什么是金融监管?又是谁肩负着金融监管的职责?如何进行金融监管?金融监管有着怎样的漏洞?金融监管对我们的生活有什么影响?这些都是本章要解答的问题。

本章教你:
▶什么是金融监管
▶金融监管有哪些理论
▶《马塞尔协议》的由来
▶中国人民银行都做什么

无规矩不成方圆——金融监管

金融活动也需要监管，与一般的监管不同，金融监管有自己的独有特征。金融监管要达到什么样的目标？又是通过什么样的模式进行监管的？要想知道答案，首先需了解金融监管的定义。

金融监管概述

金融监管就是对金融机构及其各种金融行为进行监督管理。

在金融交易活动中，很多人都想用最小的代价获取最多的利益，甚至是不劳而获，因此，垄断、欺诈、投机在金融活动中无处不在，让很多在金融市场中"过五关斩六将"者都招架不住，更不要说刚进入金融市场的新手了（当然，我们不缺金融黑马，但他们毕竟是极少数）。

Easy-going

金融监管不能从根本上消除市场中的所有问题，但是可以在一定程度上避免或者缓解一些问题。

当然金融监管机构的存在，并不能完全避免恶性金融事件发生，但如果金融监管彻底取消，整个国际金融市场肯定会乱成一锅粥。

金融监管的特征

金融监管横跨经济界的金融监管和政治界的监管，在具体施行的时候体现出自由和强权的两种特征。而在中国特色社会主义经济大环境下，我国的金融监管有着强制性、直接监管和间接监管相结合的特征，而且由专门的证监会和银监会执行这一职责。

金融监管的特征

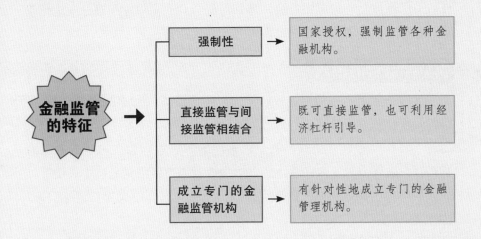

1. 强制性

金融监管是国家授权，金融机构无论规模多大、实力多强，哪怕是国家控股，都要乖乖地接受监管。

2. 直接监管与间接监管相结合

国家既可以直接进行金融监管，比如，中央银行亲自出马，对种种恶性的金融活动进行监管，也可以间接进行金融监管，比如，颁布经济政策或利用经济杠杆引导金融机构"弃暗投明"。

有时候，间接监管比直接监管更有用。正所谓"上有政策、下有对策"，国家直接进行金融监管时，不可避免有一些金融机构打"擦边球"，钻国家的空子，换一种金融交易行为继续进行投机行为，但是如果利用间接监管，让金融机构认识到其中的利害关系，它们就会自觉地停止不正常的金融行为。

3. 成立专门的金融监管机构

很多国家为了有效地对金融活动实施监管，会有针对性地成立一系列专门的金融监管机构。

就我国来说，虽然金融机构五花八门，但可以把它们归为3类行业：银行业、证券业和保险业。有针对性地，我国先后成立了中国证监会、中国保监会和中国银监会，分别对证券业、保险业和银行业进行监管，保证它们在国家允许的范围内开展各项业务。

> **金融监管的模式**

一般情况下，我们把金融监管分为两种模式：一元化金融监管模式和多元化金融监管模式。

一元化金融监管模式，就是以本国的中央银行为主对各金融机构及其行为进行监管。要注意，是以中央银行为主而不是只有中央银行一家。不用想也知道，像中国这么大的国家要是只有中央银行进行监管，它肯定忙得不可开交。

多元化金融监管模式，就是由众多的金融管理机构进行多层次、多元化的金融监管。美国即使用这种监管模式，因为美国是由50个行政相对独立的州组成，每个州的金融监管机构都有很强的自主性，形成多元化金融监管模式也就顺理成章了。

金融监管的模式

如何开展金融监管——金融监管的理论

一个国家金融监管制度是在不断发展的，会在不断的自我发展中不断地完善，所以金融监管的理论也随着金融监管的发展而不断进步着。

▶ 金融监管理论概述

前面我们提到过，金融活动只有进行有效的监管才能发挥它增加财富的作用，可是怎么样进行监管呢？很多人先后提出过各种金融监管理论，有些金融监管理论甚至相互抵触。

对于金融市场，政府应该进行干预还是让其自由放任发展，目前，经济学家们还没有达成一致。绝大多数的经济学家都认为政府应该对金融活动进行一定程度的干预。

从金融"出生"的那天起，一系列的金融问题就不断地出现。光靠市场本身是无法解决这些问题的，因为市场具有自发性，市场中的参与者都以追逐最大化利益为目的。这个时候，就需要政府站出来"主持公道"，从众多的金融监管理论中选出最有效的理论，对金融活动实施监管。

当前国际金融市场上，有3种比较有影响力的金融监管制度：保护

金融监管三大理论

| 理论1：保护债权论 |
| 保护债权人的权益，督促债务人还本付息。 |

| 理论2：金融风险论 |
| 避免金融风险，尽量缩小其波及范围。 |

| 理论3：社会利益论 |
| 实现社会公共利益和银行、企业利益之间的平衡。 |

债权论、金融风险论和社会利益论。

▶保护债权论

Easy-going

民间有句俗话叫"要钱没有，要命一条"，这是典型欠债不还的无赖表现。

在金融活动中，最经常发生也是最容易发生的就是欠债不还，而且这也是导致金融风险最直接也是最"有效"的原因。

从短期来看，欠债不还对债务人有益，所以，很多信用度差的企业或个人都会选择这么做，但是从长远来看，这对债务人会产生极为不利的后果。

我们举一个例子。假如A银行贷款10亿，而且所有的款项都没有收回，A银行就会因为资金周转困难而破产倒闭。债权人银行倒闭了，债务人企业就无法继续得到资金的支持，自然也会跟着倒闭。

一家银行或者说一家其他金融机构的倒闭，意味着一部分的投资失败，而如果所有的债权人不能追回本金，最终风险会扩散到大部分人身上。这种情形对政府来说是不可忍受的，此时，政府或者说金融机构需要承担相应的义务，采取一系列的措施让倒闭的银行或者其他金融机构承担无限责任，让各位债权人获得本金。

▶金融风险论

金融是有风险的，但是，有很多人往往只看到金融中的巨大利益而忽视其中的风险。对于金融机构或企业来说，发生风险并不只是它本身受到影响，往往还会波及整个金融领域，特别是那些对于一国经济具有中流砥柱作用的金融机构或企业。

假如某家银行经营不善破产倒闭，那与它有密切经济联系的企业和其他金融机构也会受到严重影响，甚至是"陪"着它倒闭。这肯定会对整个金融市场的运行产生巨大的影响，如果不及时进行有效管理，就有可能上升至政治危机，从而影响整个国家的安危。

为了避免金融风险的发生,或者是尽量缩小金融风险的波及范围,国家政府必须进行金融监管,将金融的风险约束到最小的程度。也就是说,金融机构的做法是在风险中博取利润,所以,可以在高利润的诱惑下承受高风险,而国家或者说政府博取的不是利润,所以,当金融市场的风险大到一定程度时,就必须对金融投机行为"叫停"。

小贴士

脆弱的银行

某城市新开了一家银行,由于其高额的利率、良好的信誉和优质的服务,很多人纷纷到这家银行存款,很多企业也来这家银行贷款,该城市其他的银行则门可罗雀。

为了打败竞争对手,其他银行联手制造了一条假新闻,说这家新开张的银行由于业绩不佳即将倒闭。很多人便纷纷把存到该银行的钱取出来,这家银行就真的倒闭了。可是,其他的银行也因制造假消息失去了信誉,进而纷纷倒闭了。

社会利益论

社会利益论是从社会整体的利益出发,顾全大局而进行的金融监管。每个人为自己的利益奋斗,这也是金融活动运行的基础。

如何在企业、银行的"私欲"与社会利益之间寻找平衡点,就成为政府金融监管的核心,即社会利益论。

社会利益论持有者认为,金融市场本身就有十分明显的缺陷,比如竞争。竞争的结果就是会出现一个实力占绝对优势的金融机构或企业,在金融活动中,"无人能敌",垄断随之产生。政府的核心目标就是维护社会公共利益,维持各个机构或者各人的利益之间的平衡和争夺利益时的底线。那么,在金融监管上,一个政府应该采取的做法就

Easy-going

社会利益论很大程度上只是空想，因为有些政府，比如，美国政府的支持者就是大型垄断集团，所以，它们能做的是一定程度上平衡垄断集团和小企业关系，而不是去限制垄断。

是，促使金融行业必须扶持弱小的企业，避免垄断的出现，在良好竞争的金融市场中，每个企业都会为了潜在的利润而自我约束现阶段追求利润的手段。那么，在企业放弃一部分利益的时候，社会利益就得到了维护。

这样，金融市场既没有垄断，又有竞争，从而实现银行或企业与社会利益之间的平衡。

金融监管理论比较

理论	执行者	目的	理论核心
社会利益论	政府	在个人利益中寻找公共利益的生存空间	市场竞争有缺陷，需要政府来填补社会利益空白
保护债权论	银行	降低金融风险，保障有借有还	债权人和债务人的关系是一体的，双方共同承担金融风险
金融风险论	国家	在其他机构和个人面对利益时，国家对风险保持"清醒"	国家是金融风险的最终受害者，因此，必须要对金融行为"叫停"

More

外部连锁效应

金融机构或企业，在外部往往也会形成一系列的连锁效应。比如，河流上游的A村新建了一家企业A，本来这是一件好事，可是，企业A排放的废弃物让下游B村的村民无法生存，这是负外部效应；如果A村建的不是企业A，而是一家污水处理厂，那么，A村的村民在饮用净化的河水时，也提高了下游B村的水质，这就是正外部效应。

《巴塞尔协议》

《巴塞尔协议》是国与国之间开展金融交易的国际通用原则。可以说，在一定程度上任何国际金融活动都在巴塞尔协议的"阴影"之下。

》《巴塞尔协议》的由来

《巴塞尔协议》，全称为《关于统一国际银行的资本计算和资本标准的协议》，是国际清算银行（BIS）监督委员会于1983年提出的，这是一套完整的、衡量银行表内和表外风险的资本充足率标准。它之所以被称为《巴塞尔协议》，是因为该协议是在瑞士的巴塞尔通过的。

最初，国际上并没有十分重视对金融机构的监管，直到美国富兰克林国民银行和前联邦德国Herstatt银行倒闭。1983年，巴塞尔委员会提出了第一个监管原则"巴塞尔协议"，并在10个成员国之间实施。

巴塞尔委员会最初的十个成员国是美国、英国、法国、德国、意大利、日本、荷兰、加拿大、比利时和瑞典。

后来，越来越多的非成员国也加入其中，自觉遵守巴塞尔协议，特别是那些国际金融活动参与度很高的金融机构。在国际交往中，巴塞尔协议逐渐成为国与国之间进行交易时必须遵守的不成文法律。1988年，巴塞尔委员会将《巴塞尔协议》发展为《巴塞尔资本协议》。《巴塞尔资本协议》有3大支柱：资本充足率、监管部门监督检查和市场纪律。

前文说过，为了应对金融市场中可能出现的风险，金融机构特别是银行都必须有自己独立的不会被使用的准备金，而这部分资金占总营业额的比例就是资本的充足率。如果这部分资金占银行资产总金额的比例较大,就说明资本充足率较高,相反,就说明资本充足率较低。对于银行等金融机构来说,要有较高的资本充足率,才能使客户对其充满信心,加上它的两大支柱——市场监督检查和纪律的支撑,才能在市场上特别是国际上获得"好评"。

21世纪初,《巴塞尔资本协议》得到了进一步完善,称为《新巴塞尔资本协议》,而3大支柱也变为最低资本要求、监督检查和市场纪律。

《巴塞尔协议》的沿革

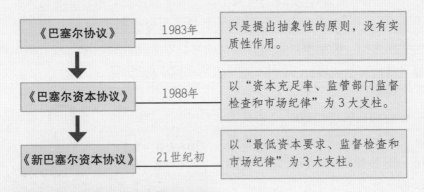

▶巴塞尔协议对中国的影响

2001年12月11日,中国正式成为世界贸易组织成员国之一,和国际金融市场之间的联系更加紧密,所以,越来越受到《巴塞尔协议》的影响。《巴塞尔协议》会对中国金融产生什么样的影响呢?

从短期来看,《巴塞尔协议》对我国的金融影响不是很大。近年来,我国银监会一直致力于提高国内银行的资本充足率,特别是商业银行,抵御金融风险的状况得到了很好的改善。我们用具体的数字来说明一下:2010年,我国的大中型银行资本充足率均超过10%,核心资本充足率也在8%以上,无论在质量上还是在数量上,都优于《巴塞尔协议》的平均要求。因为,我国的银行不用手忙脚乱地为资本充足率而奔波,只需要遵守《巴塞尔协议》就可以了。

但是从长期来看，我国是一个发展中国家，而且在很长一段时间内仍会是一个发展中国家，国民经济必然会保持快速增长。再加上我国是一个以间接融资为主的国家，信贷的增长速度一般为经济增长速度的1.5倍到2倍。

如果我国的经济增长速度为8%，那么信贷增长速度就是12%~16%，如果要应对经济增长速度保持信贷的扩张，就意味着银行资本补充的压力也会随之变大。而银行也不可能仅仅为了应对金融风险而降低信贷供应速度，这就要求银行不断优化资产负债结构，加快资产结构的调整。

《巴塞尔协议》对中国的影响

影响

- 短期有利：我国银行在资本充足率上已经达到《巴塞尔协议》的要求。
- 长期不利：高速经济增长带动高速信贷增长，增加我国资本充足率的压力。

More

国际清算银行

按照《凡尔赛和约》，国际上成立了一个特殊的赔款委员会，专门处理德国的赔款问题。后来由于德国无力偿还战争赔款，又成立了国际清算银行来取代最初的赔款委员会，监督德国财政、分配德国的赔款。

这个国际性银行具有浓厚的监督纪律色彩，以每年德国财政作为储备金，这在一定程度上促进了《巴塞尔协议》的诞生。

在中国，谁可以进行金融监管

中国的金融监管机构可以用 4 个字来概括——"一行三会"。"一行"指中国人民银行，"三会"指中国银监会、中国证监会和中国保监会。这 4 个机构共同维护着金融市场稳定，管理和监督着我国境内所有的金融活动。

▶ 中国银监会

中国银监会，全称为"中国银行业监督管理委员会"，成立于 2003 年，它的主要职责就是对我国银行及其各种金融行为进行监督管理。

国家政府授予中国银监会权力，对银行及其金融行为进行监管。当然这并不是说银监会想怎么管就怎么管，而必须要遵守一定的原则：依法管理原则、合理适度竞争原则、自我约束和外部强制相结合原则、安全稳健与经济效益结合的原则。

Easy-going

中国银监会是国务院直属正部级事业单位，可以说是一个权力机关，而不是第三方金融机构。

1. 依法管理原则

各国金融管理体制不同，但是，依法管理上是一致的。包含两个方面：一是金融机构必须接受国家金融管理当局监督管理，有法保证。二是实施监管也必须依法。这样才能保证管理的权威性、严肃性、强制性、一贯性、有效性。

2. 合理适度竞争原则

竞争和优胜劣汰是一种有效机制。但是，金融管理的重心应该在创造适度竞争上,既要避免金融高度垄断,排斥竞争从而丧失效率和活力,又要防止过度竞争、恶性竞争从而波及金融业的安全稳定,引起经常性的银行破产以及剧烈的社会动荡。

3. 自我约束和外部强制相结合原则

不能完全依靠外部强制管理,因为如果金融机构不配合,难以收到预期效果。也不能寄希望于金融机构自身自觉的自我约束来避免冒险经营和大的风险,必须两个方面结合。

4. 安全稳健与经济效益结合的原则

这历来是金融监管的中心目

有的银行会不经过本人同意就擅自替储户开办一系列业务,这是典型的违法行为,我们可以要求银行无条件取消此业务并赔偿损失,或者采取法律途径解决。

不一定有用的监管

金融监管的效率性原则,并不是仅仅要求监管效益大于监管成本,而是力争把这个差距拉大。换句话说,就是用最小的监管成本取得最大的监管效益。

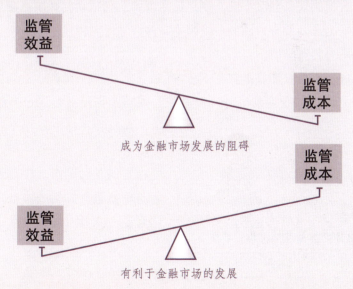

成为金融市场发展的阻碍

有利于金融市场的发展

的，为此所设的一系列金融法规和指标体系都是着眼于金融业的安全稳健和风险防范。但是，金融业的发展毕竟在于满足社会经济的需要，要讲求效益，所以，金融监管要切实把风险防范和促进效益协调起来。

银监会是针对银行的管理机构，但也有关系到个人利益的规定，银监会有明确的规定"存款自愿、取款自由、存款有息、为存款人保密"。比如说，有人强迫我们到某一家银行存款10万元（当然这在现实生活当中是不可能发生的），或者我们去取钱，银行拒绝付给我们利息，我们就可以向银监会举报。

▶中国证监会

中国证监会，全称"中国证券监督管理委员会"，成立于1992年，其主要职责是对证券经营机构及其经营行为进行监督和管理。在具体工作上，除了为证券市场制定各种规章制度，还包括通过各种琐碎的工作将证券管理制度落到实处。

1. 制定规范证券市场的规章制度

要想做到依法治"证"，首先制定相关的规章制度，让它们有法可依。与公司的规章制度不同，制定证券市场的规章制度必须站在全国人民的立场上，涉及方方面面，先起草文件再进行全国性的论证——这可是一项相当耗费时间的工作。

2. 拥有审批权和核准权

一家公司或企业的证券或股票要想成功上市，必须经过严格的审批，而执行严格审批程序的就是证监会。当然，证监会对审批制度指定的各种要求，在正式发布之前也要进行严格的审批。可以这么说，证券市场的一举一动都必须经过中国证监会的审批，哪怕是成立分公司这样的"小事"。

Easy-going

在我国有两大证券交易所：上海证券交易所和深圳证券交易所。分别被称为沪市和深市。

要想完善金融市场,仅审批证券本身是没有用的,还要对从业人员进行一对一的核准,上到领导高管,下到普通员工,都跑不出核准的"手掌心"。证券市场上,不论地位高低,如果不符合从事证券业的资格就会被踢掉。

3. 查处权

证监会对证券市场的威慑力,来自于其对证券市场上各种不合理行为的查处权:一旦发现证券市场中有违法行为,就要对其进行制裁。

一般情况下,中国证监会的处罚只是行政处罚,但是,如果违法行为极其严重,违法者就会被送到司法机关,情节严重的将会对其进行刑事处罚。

中国证监会的职责

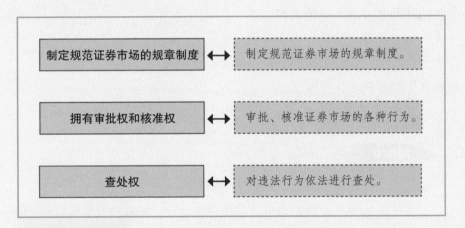

中国保监会

中国保监会,全称为"中国保险监督管理委员会",成立于1998年,其主要职责是依法对我国的保险市场进行监督和管理。中国保监会是中国商业保险的主管机关,同时也是国务院的直属事业单位。

中国保监会进行金融监管的核心内容就是保证保险人的偿付能力。保险人不是投保人,而是保险公司,即与投保人签订合同,承担赔偿职责的机构。

相比于银行，我国保险市场是一个劣币市场，保险业在很多人的心里大都是一个"贬义词"，只收保费而不给予赔偿似乎已经成为保险市场的通病。大部分人都有这种经历，花钱去买保险时，保险公司的服务人员都"百依百顺"，但是，客户拿着合同去保险公司索赔时，服务人员则会避而不见，就算是无奈与我们相见，总会拿出"合理"的解释不进行赔偿或不根据原则赔偿。

其实，这和我们对于保险业的认识不够有很大的关系。保险作为金融行业，需要很强的专业知识，这是普通投保人所不具备的。而且，我们大多数人都没有聘用律师等专业人员的习惯。既没有专业知识，也没有专业人员的帮助，面对保险公司的"恃强凌弱"当然是无计可施了。

保监会的出现能有效地防止保险行业陷入恶性循环，对社会保险制度的建设有着巨大的作用。

More

保险的"保险"

要想从事保险业，必须通过像高考一样严格的种种考核，如果达不到法定要求是不会被允许从事保险行业的。

保监会还规定，申请开业的保险公司，必须拥有足够金额的资本金，同时还要有一定的准备保险金，如果达不到法定要求，不允许开业。

中国人民银行

提到金融监管,就必须提到一家银行——中国人民银行。在金融监管体系中,它的地位最高,是金融监管机构的监管机构,监督、管理金融行为的最高决定权和解释权均属于中国人民银行。

▶中国人民银行概述

中国人民银行和别的银行不同,在我国法律上有着更加特殊的地位。按照我国法律规定,中央人民银行接受国务院领导,对全国人民代表大会负责,独立施行货币政策,维护经济稳定,发行钞票,并对我国所有的金融机构拥有最高的监督权力。

有关中国人民银行,有两个情况需要介绍下:

Easy-going

中国人民银行上海总部必须在中国人民银行北京总部的领导和授权下开展工作,但是可以履行对金融机构的监管职责。

第一件,2008年10月中国人民银行上海总部正式挂牌成立,虽然,从名义上在上海成立的是中国人民银行总部,但实质上跟北京的央行比起来还是稍逊色一点。因为,央行上海总部是在中央人民银行上海分行的基础上成立的,只能承担北京央行总部业务的部分职责。

第二件,1948年12月1日,中国人民银行在河北省石家庄市成立,在华北、华东和西北地区统一发行人民币作为统一货币。直到1949年2月,中国人民银行才从石家庄搬到了北京(当时称为北平)现在这个位置。

❯中国人民银行的性质

中国人民银行的性质可以用3句话概括：不以营利为目的、不经营普通银行业务和拥有独立地位。

Easy-going

中国人民银行不与个人和企业打交道，只同政府和其他各类金融机构往来。

在所有的金融机构里面，中国人民银行最"有钱"了。因为，它管理着国库、黄金和外汇储备，而且它不可能也不会把国库里的资金拿出去放贷，靠收取利息"谋生"。中国人民银行的存在并不是国家需要通过国库获利，而是需要中国人民银行利用其所有资金的潜在威慑作用维护经济的稳定。

因为不以营利为目的，所以，不具有经营普通银行业务的性质，即我们不可能拿着自己几个月的工资到中国人民银行存钱，也不可能拿着存折到中国人民银行取钱。而正是这些与众不同的特点，中国人民银行的独立地位就凸显出来了，按照法律规定，中国人民银行的作为不受国务院和人民代表大会以外的任何人和机构影响。

More

洗黑钱

国际金融市场中，由于没有强力的管制和监督机构，资金的数量、来源和用途都十分庞大、复杂，所以，许多非法收入，即黑钱，比如：军火、贩毒、走私、贪污所得，会被存入银行，在流入国际金融市场经过多个交易环节后，变成合法收入重新回到罪犯手里。我国香港地区是最自由的国际金融市场，因此，也是世界上洗黑钱最为猖獗的地方。

中国人民银行的职责

《中华人民共和国中国人民银行法》规定,中国人民银行作为我国的中央银行主要执行以下职责:

1. 起草有关法律和行政法规,完善有关金融机构运行规则,发布与履行与职责有关的命令和规章;2. 依法制定和执行货币政策;3. 监督管理银行间同业拆借市场和银行间债券市场、外汇市场、黄金市场;4. 防范和化解系统性金融风险,维护国家金融稳定;5. 确定人民币汇率政策,维护合理的人民币汇率水平,实施外汇管理,持有、管理和经营国家外汇储备和黄金储备;6. 发行人民币,管理人民币流通;7. 经理国库;8. 会同有关部门制定支付结算规则,维护支付、清算系统的正常运行;9. 制定和组织实施金融业综合统计制度,负责数据汇总和宏观经济分析与预测;10. 组织协调国家反洗钱工作,指导、部署金融业反洗钱工作,承担反洗钱的资金监测职责;11. 管理信贷征信业,推动建立社会信用体系;12. 作为国家的中央银行,从事有关国际金融活动;13. 按照有关规定从事金融业务活动;14. 承办国务院交办的其他事项。

中国人民银行

历史
前身是北海银行,后于1948年12月成立,现今总部设在北京、上海两地。

权力
在国务院的领导下依法独立制定和执行货币政策,履行职责,开展业务,不受任何机构和个人干涉。

义务
在国务院领导下,发行货币,施行货币政策,协调经济发展。

构成
中国人民银行总共由办公厅、条法司、货币政策司、金融市场司、金融稳定局、调查统计司、会计财务司、支付科技司、科技司、货币金银局、国库局、国际司、内审司、人事司、研究局、征信管理局、反洗钱局、党委宣传部18大机构组成。

透过金融看世界

为什么有些人天生就赚钱容易呢？美国财政赤字相当巨大，为什么美国人的生活水平还那么高？全球金融业趋势如何？危机还会持续多久？……这些都是通过金融学可以理解的问题。

本章教你：
▶ 怎样花钱才最聪明
▶ 你的钱都去了哪里
▶ 银行真的是"真诚"为顾客服务吗
▶ 通货膨胀"光临"中国了吗

给你 100 万，你会做什么

每个人都说自己穷，缺钱花，都渴望自己一觉醒来成为百万富翁。可是，如果给你 100 万，你真的就成为百万富翁了吗？财富对每个人有什么意义，是金融学首先要解决的问题。

❯ 做自己想做的事——增值

开放的金融市场，让每一个人都或多或少地具有经济头脑，想以钱生钱，只是无奈没有雄厚的资本。所以，很多人认为，如果获得 100 万，就能在金融市场如鱼得水，获得可观的收益。

让这 100 万增值的方法有很多种，总的来说可以分为两点：创业和投资。

现在，注册一个小公司只需要几万，再拿出一部分钱用来购

《三国演义》中刘备酒后说："备若有基本，天下碌碌之辈，诚不足虑也。"这就是他想做的事。

小贴士

创业典范——腾讯

1998 年 10 月，腾讯公司成立。当时，公司只有 5 位投资人和 50 万启动资金。最初，主要开发和销售"BP 机寻呼系统"和"互联网寻呼系统"，后来才转为开发 QQ。不幸的是创业之初，公司只赔不赚，公司的经费越来越少，到 1999 年只剩 1 万多元，才刚够发两三个人的工资。

可如今呢？如今腾讯拥有 5.3 亿多用户，成为中国通信服务的领军企业，马化腾本人也从年薪几万员的普通员工成为身家 161 亿美元的 CEO。

买公司硬件设备,剩下的钱作为预留资金,用来"招兵买马",给员工发工资。这个想法不错,注册公司简单,但是经营公司可不简单。

我们要注册什么样的公司?主要经营什么业务?市场有多大?是不是能够与同行业的大企业竞争?广告费打算投入多少?要把公司建在什么地方?给员工什么样的待遇?……这些都是投资创业面临的问题。

我们可以用这100万元创业,但必须做好失败的准备。创业的过程十分艰难,而且成功率也比较低,但是不乏成功者,关键就在于我们的心态和选择的道路。

除了创业之外,我们还可以选择投资。相对于创业来说,投资可能会轻松一些。最简单的方法就是把钱全都存到银行,赚取利息——这可以说是最简单的投资方法了。

其实,我们还可以买股票和债券,但是,这两种投资方式的风险都比较大,要是经营不善,就会白白给别人送去100万元。并不是说投资股票和债券不可取,只是比较危险而已,如果你精通股市,完全可以像巴菲特那样成为股神中的股神。不过需要提醒你的是,世界上只有一个巴菲特。

我们还可以花十几万元投资一家小企业或者小公司,再把剩下的钱存到银行。一般情况下,一家已经有一定市场和规模的小企业、小公司不会轻易倒闭,我们可以放心地从中分红,这可比股票和债券安全多了。但总的来说,投入的资本越多,要承担的风险越大。

做自己想做的事

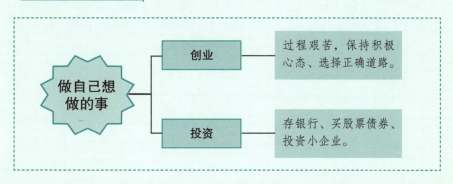

谁将为泡沫经济埋单

我们经常会听到"泡沫经济"这个词,但是,泡沫经济为什么会发生?以前为什么不会发生泡沫经济?发生了泡沫经济又是谁的错?要了解金融市场的未来发展,一定要先弄清楚泡沫经济的发展趋势。

❯什么是泡沫经济

泡沫经济的本质是由于商品的虚拟价格严重偏离它本来的价值,而那些多出来的部分就好像洗衣机里面的泡沫,虽然看起来利益巨大而诱人,但华而不实,经不住金融风暴的冲击,一触即溃。在金融业务上,泡沫经济的规模和危害远比实体经济大。举个例子,如果A有1条鱼,B用双倍的价格将其买下,而A再用4倍的价格买回来,那么,结果A表面上拥有1条价值为4条鱼价值的鱼,而B则拥有了价值为4条鱼的财富,而这个市场上的实际价值不过是1条鱼和B付出的双倍财富,经过两轮购买操作或者说炒作,市场上便产生了3条鱼的泡沫。这种情形表面上让A、B更加富有,然而数字上的泡沫一旦被揭穿,A、B因为无法变出价值3条鱼的财富,最后只能以破产结局。

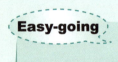

泡沫经济最早出现于英国1720年的"南海泡沫公司事件"。

历史上发生过很多泡沫经济的事件,比较致命的就是日本20世纪80年代由于广场协议引发的泡沫经济事件。当时,绝大部分的金融机构、企业公司和个人都把大量的资金投入房地产市场和股票交易市场等领域,而且一投就是4年。然而好景不长,大幅的投机炒作让日本经济很是吃不消，泡沫经济破裂。从土地房屋再到股市，最后到整个金融市场，很多金融机构、公司和个人都被套牢，导致日本社会长达一代人的经济萎缩。

1997年著名的东南亚经济危机也跟泡沫经济有关，这次危机让东南亚绝大多数的国家遭受了前所未有的经济创伤，股市、汇市暴跌，货币贬值。比如，印度尼西亚的货币印尼盾贬值率高达70%以上，经济损失更是超过1000亿美元。

泡沫经济的"来龙去脉"

假如有人问我们"泡沫经济为什么会发生？"——绝大多数人肯定会给出这样的答复："泡沫经济的发生是由于人们的炒作，导致商品的虚拟价格远远超出了本身真正的价值。"但是，为什么炒作会引发泡沫经济？如果没有炒作泡沫经济就会停止吗？这两个问题如果回答不上来，你就没有真正了解到泡沫经济出现的原因。

其实，泡沫经济是伴随着金融活动的出现而出现的，其根本原因是由于金融市场中出现了很多价格脱离了价值的商品。

小贴士

理想国度

马克思设想的共产主义社会中，每个人按照需求获得商品，表面上看起来不存在投机，当然就没有泡沫经济了。但是，其实即使在生产力高度发达的理想社会中，只要仍需要推动经济发展，那么，货币的实际价值也一样会引起市场波动，当然，泡沫经济也就存在了。完全没有泡沫的社会经济只存在在原始社会和某个经济学家的设想之中。

在封建社会中,"一分价钱一分货",生产出的一件实有商品(锅、碗、瓢、盆)都有它自身的价值,双方会根据这个价值来交易。但是,在现代化的市场经济中,特别是金融市场,出现了很多非实体商品,最典型的就是债券、股票和土地。

金融市场中一夜暴富的神话让很多人放弃实体劳动转而投向证券市场和房地产,导致这两家市场的经济繁荣和蒸蒸日上。买房和买证券的人越来越多,导致房价和证券价格的上涨,甚至是翻倍上涨,获得的利润更是多得惊人。

企业和商业银行也加入其中,让本来已经繁荣的证券和房地产市场更加狂热。银行的贷款对象由生产实体商品的企业向房地产行业转移,而那些生产实体商品的企业也纷纷筹集资金,甚至是变卖家产,投入到房地产行业中。

泡沫经济的"来龙去脉"

1 投资股票、债券和房地产的人发家致富,一夜暴富神话真实上演。

2 人们放弃劳动转向金融市场,投资股票、债券和期货。

3 企业和银行加入其中,起到推波助澜的作用。

4 股票、债券和土地的价格严重偏离其自身价值,形成巨大的"泡沫"。

5 离谱的高价格最终导致股市崩盘,股价和地价暴跌。

6 企业和银行加入,投入的资金无法收回,瞬间化为乌有。

> **小贴士**

> **泡沫经济导致美国经济大萧条**
>
> 1929—1930 年,是美国经济大萧条时期,原因就在于当时的美国人都致力于投资房产。20 世纪 20 年代,美国建筑业兴起,企业、银行和个人纷纷在房地产上投入重金,导致房价直线上涨。比如,1923 年房价为 80 万美元,1924 年就涨了将近 1 倍,达 150 万美元,到了 1925 年更是涨到 400 万美元。在迈阿密市,平均每 3 个美国人就有 1 个专做房地产生意。
>
> 1926 年,这种泡沫般的繁荣突然破碎,曾经的成功人士或者发疯,或者自杀,或者沦为乞丐,引发了美国经济的大萧条。

人人都买卖股票、债券,人人都等着买卖或出租房屋,人人都将土地闲置等着它升值……股票、债券和土地的市场价格越来越高,甚至高出其自身价值几倍。相反种地的人少了,制作衣服的人少了,生产汽车的人也少了。

由此可想而知,股票崩盘,房地产一落千丈,投入到其中的巨额资金瞬间化为乌有——这就是泡沫经济。

> **More**

> **区分泡沫经济和经济泡沫**
>
> 经济泡沫指商品市场价格高于其自身价值的部分,这是金融市场不可避免的,如果控制在一定的范围之内,可以有效地促进金融市场的发展。但是,如果经济泡沫日积月累,最后会质变成泡沫经济,对整个国家经济的发展将产生沉重的打击。

像巴菲特一样做个聪明的投资人

很多人都羡慕巴菲特,因为他是世界上最成功的金融投资人。在危险重重的金融市场,巴菲特总是能安全地走出"雷区",到达财富的彼岸。想不想做一个像巴菲特那样聪明的投资人?

▶把投资的企业当作自己的企业

巴菲特说过这么一句话:"如果我挑选的是一家保险公司或一家纸业公司,我会把自己置于想象之中,想象我刚刚继承了那家公司,并且它将是我们家庭永远拥有的唯一财产。"在巴菲特的脑海中有这样一个金融投资理念:把自己投资的公司当作自己的企业。

Easy-going

很少有人会把钱借给一位完全陌生的人,同样的道理,很少有人会把资金投到一个完全陌生的公司。

巴菲特说,如果把自己投资的公司看作属于自己的企业,那么,我们就会十分关心它的过去、现在和未来。公司的老板肯定是最关心公司的人,假如,我们也能像公司老板那样关心企业,把企业从外到内"解剖"一遍,那我们所进行的金融投资行为必然能最大限度地规避风险。

这句话说起来容易,但是在现实的金融投资过程中,很少有人能够做到这一点。

在大多数人的眼里,公司股票和债券只是一种营利的工具。我们不关心购买的是哪家公司的股票,也不关心这家公司的经济效益,甚至是对这家公司一无所知,只要这家公司的股票能赚钱就行——这是最危险的投资思维。

如果你心里一直是这样的想法:公司盈亏跟我没有关系,只要能挣到钱就行。如果你这么想，那么，你就是一个最失败的投资者，很难在金融市场获得所谓的成功。

> 小贴士

> **巴菲特对待财富**
>
> 巴菲特被世界公认为股神，他的投资策略从来没有失败过。在2008年《福布斯》排行榜上，巴菲特拥有的财富甚至超过了比尔·盖茨，成为世界首富。不过，他并没有把这些钱据为己有，而是把它分享给众多的慈善机构，更让人难以置信的是2006年巴菲特甚至捐出了85%的财产。

▶只投资于自己熟悉的领域

巴菲特说过："不同的人了解不同的行业，最重要的事情是知道你自己了解哪些行业，以及什么时候你的投资决策正好在你自己的能力圈内。"巴菲特认为，要想从投资中获得收益，前提是你得了解所要投资的公司。

巴菲特很有钱，但他没有用这些钱投资于各行各业，而是仅限于他熟悉的领域。到目前为止，巴菲特先生投资过的典型公司有：

美国运通公司	中国石油天然气公司
美国广播公司	内布拉斯加家具销售公司
吉列公司	政府雇员保险公司
喜思糖果公司	华盛顿邮报
可口可乐公司	富国银行

巴菲特说："很多事情做起来都会有利可图，但是，你必须坚持只做那些自己能力范围内的事情，我们没有任何办法击倒泰森。"既然已

经超出自己的能力范围,就不要再去做,因为就算我们去做,成功率也不是很大,与其冒着巨大的风险投资一个自己完全不熟悉的领域,还不如什么都不做。

很多东西只有在熟悉的基础上才可以获得成功。比如,我们到一家新的公司,老板肯定不会让你马上工作,而是会先让我们利用几天的时间熟悉业务。投资也是一样,假如你对自己投资的领域完全陌生,又怎么赚钱?

巴菲特说:"拥有一只股票,期待它下个早晨就上涨是十分愚蠢的。"

在现实的金融活动中,很多人只把资金投向赚钱的地方,不管自己是不是了解它,大家说它赚钱就投,大家都说它不赚钱就不投。

但如果我们完全不了解房地产行业,就硬往里投钱,会有什么样的后果?

中国有句老话叫:"生意不熟不做。"而巴菲特却把中国的这句古话

小贴士

世界上最奇怪的友谊——巴菲特与比尔·盖茨

巴菲特对 IT 领域的投资十分谨慎,因为他说对 IT 一无所知,但是他与 IT 业的巨头比尔·盖茨是非常要好的朋友。

巴菲特这样评价比尔·盖茨:"如果比尔·盖茨从一个热狗摊起家,他将会成为世界上的热狗大王,他在任何游戏中都能赢,在每一个行业里都会非常出色。"他最后还幽默地补了一句,"但我未必会在他之下。"比尔·盖茨这样评价巴菲特:"我以前从不与不懂计算机的人交朋友,但巴菲特是个例外。"

运用得炉火纯青,他身体力行地告诉我们:一定要对自己投资的企业仔细研究、了解透彻,盲目跟风和狗熊掰玉米没有什么区别。很多时候,把钱放在储蓄罐里比盲目投资要安全得多。

巴菲特投资经验

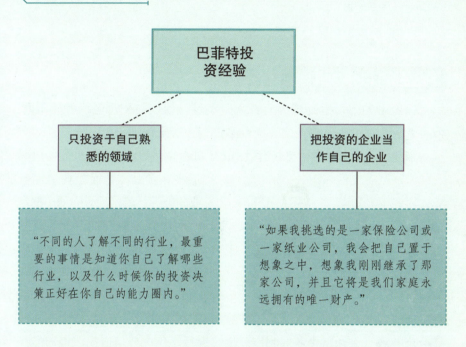

鸡蛋放在同一个篮子里

巴菲特打破常规,投资时采取集中策略,而不是分散。他认为,把"鸡蛋"装在不同的"篮子"里虽然安全,但是赚的钱不多,这只股赚钱,那只就可能赔钱。如果把自己的资金集中起来,投入一个自己精通的领域,运筹帷幄,才是安全又赚钱的上策。

金融可以增加财富，却不能创造财富

> 精通金融的人往往都是成功人士，因为，他们懂得用什么样的方式在金融市场中"谋财"。但是，金融只能增加社会财富，却不能创造社会财富，实实在在的劳动者才是财富的真正创造者。

▶ 金融可以增加财富

搞金融的人，容易成为有钱人。不过，他们与公司老板截然不同：公司老板往往忙得不可开交，而金融投资人却好像很清闲。

很显然，后者的生活更具有吸引力。如今，越来越多的企业纷纷放弃制造实体商品，转而投向房地产行业和证券，就是最有力的证据。

利用钱来赚钱最专业的就是像商业银行这样的金融机构。商业银行以较低的存款利率为"诱饵"，广泛吸收社会资金，然后再以较高的贷款利率把这部分钱贷给企业或个人，从中获取利率差价。银行不生产任何商品，但却能获得比生产商品企业更多的利润。

与巴菲特比起来，商业银行才是最聪明的投资者。它们吸收来自企业或个人的资金，然后反过来再把这些资金贷给企业或个人，就可以从中获取利息差。

不过，需要提醒你的是，商业银行用钱来赚钱可不是像左手换右手那样简单，用钱来赚钱同样危险重重。

首先，得保证有市场。商业银行收到的每一分钱本质上都是向储户的借款，闲置一天就要给储户多付一天的利息，如果没有企业或个人贷

Easy-going

用体力赚钱是下策，用脑力赚钱是中策，用钱赚钱是上策。

款,资金周转不开,照样会破产倒闭。

其次,要保证能够广泛吸引存款。如果不能一直维持资金流的顺畅,那么,银行就可能因为挤兑而倒闭。

金融增加的"财富"

金融能为投资者带来巨大的财富数额,然而仅仅是数额,投资者获得的其实是他未来的收入,或者其他人现在的收入。

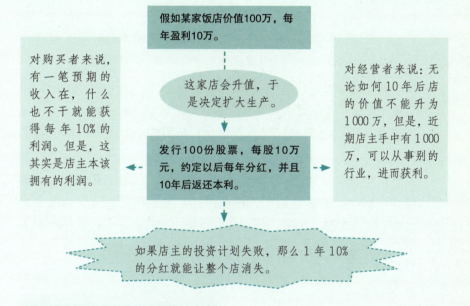

▶金融不能创造社会财富

在前面的章节,我们讲过这样一个用烂鱼发家致富的故事,甲乙两个人来回买卖1条鱼就可以增加财富。但是,不要忘了,前提是得有人"生产"这条鱼。

我们去大城市看到奇形怪状的高楼大厦,就会感慨设计师独特的设计思维。但是,就算这位设计师的思维再独特,没有人来盖这些高楼大厦,再好的设计也只能停留在纸上。

同样的道理，我们可以买卖公司股票债券、投资企业和房产，前提是要有这样的公司、企业和房产。

Easy-going

在极端条件下，可以放弃金融经济，但是不可以放弃实体经济。

有人说，有钱可以买到一切。在当今世界市场经济条件下，这句话也许是正确的，但是，我们考虑过这句话背后的含义吗？我们用钱买到的东西来自哪里？来自劳动者具体的实体劳动，如果这些真正的劳动者也从事金融投资，谁来生产我们需要的产品？哪怕是用金融挣再多的钱，但是买不到商品，又有什么用？

真正创造社会价值的不是金融经济，而是实体经济，要想金融健康有序地向前发展，前提是必须有一个强大的实体经济做支撑。

2010年上映的一部电影《人在囧途》从另一个方面很好地向我们诠释了这点。

虽然，玩具集团老总李成功资产实力雄厚，回家带着银行卡，但在回家途中却处处需要挤奶工牛耿的相助，因为他背的大包里面几乎什么都有——在极端条件下，锅碗瓢盆这些工具往往比一张张的银行卡更实用。

金融与财富

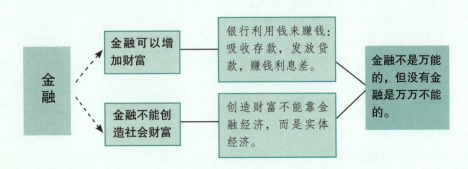

不靠金融照样可以发财——成功的实业

有段时间，很多在实业成功的人士都纷纷放弃自己的事业，转向金融投资，因为那里有所谓的"暴利"。殊不知，不依靠金融照样可以发财，实业家获得利润的途径比金融家往往更安全、更实在。

▶为实业"翻案"

经济学是这样定义实业的："以生产和制造为主的行业，其中也包括服务业。"看到这个定义，我们首先想到的就是那些大公司或大企业的老板，比如，马云、李彦宏、柳传志、马化腾等。

占用耕地建证券大楼，国家是严令禁止的，因为人们可以不买股票，但不是不可以吃饭。

但是，我们忽略了一点，就算是再成功的企业家，他都要吃饭，所以，实业应该还包括那些顶着烈日在田地中辛勤工作的农民。与我们眼中的企业家们一样，农民同样也在生产制造，只不过他们的产品不是电脑，不是汽车，更不是网络，而是粮食。

而且在一定程度上，提供无形服务也属于实体经济。因为，服务业是建立在生产制造业高度发达的基础上的。比如，红旗汽车公司为了方便顾客购买汽车（本质上是想多生产汽车、多销售汽车），会相应建立一些服务设施，免费提供咨询等相关服务。

▶金融有危险，要理性选择

金融就像在刀尖上跳舞，虽然舞步华美，让众人羡慕，但是只要走错一步，就会掉进"刀林"中丧命。实业就不一样了，只要保证一定的生产量和销售量，就可以"安全"地发展下去。

美国经济大萧条时期，很多放弃实业转向金融投资的企业家们都后悔不已，而那些始终如一从事实业的企业家却艰难地"活"了下来。转为金融投资的企业家们后悔当初自己走错了这一步，但为时已晚。

很多人都热衷于金融市场，因为它"见效快"，可能一夜暴富，这就是人们忽视金融风险的原因。而从事实业很难达到这一点，因为搞实业必须从一点一滴做起并且不断地追加资本等，相比之下，从事实业的利润率实在太低了。

我们崇拜成功的实业家，却热衷于金融，这是多么自相矛盾。不错，实业家有很多人成为金融市场的一员，但是我们不要忘了，他们是先干实业后搞金融，把金融当作增加收入的方式，而不是唯一的生存来源。

金融与实业

成功的实业

世界500强企业没有一家是从事金融行业的，大部分都是以生产制造为主。就算是巴菲特再厉害，他所拥有的企业也没有进入世界500强前10名；就算丰田公司的"召回门"闹得再沸沸扬扬，它也是世界汽车界的领军企业。在这里我们要澄清一件事，石油公司把石油从地底下抽出来再经过加工卖出去同样属于生产制造，从本质上说，它和丰田公司把铁矿加工成汽车没有什么区别。

在创业的过程中，创业不炒股，炒股不投资。因为，如果细化金

2012年世界500强世界排名前十

排名	中文名称	总部驻地	业务范围	营业收入（百万美元）
1	沃尔玛	美国	一般零售	421 849
2	皇家壳牌石油	荷兰	炼油	378 152
3	埃克森美孚	美国	炼油	354 674
4	英国石油	英国	炼油	308 928
5	中国石化	中国	炼油	273 422
6	中国石油天然气	中国	炼油	240 192
7	国家电网	中国	电力	226 294
8	丰田汽车	日本	汽车	221 760
9	日本邮政	日本	服务	203 958
10	雪佛龙	美国	炼油	196 337

融和实业的关系，我们就会发现，实业是根本，而金融是表现。即炒股期待着股票的升值，根本就是期望自己所投资的那家企业能在实业上有发展。这样悖论就出来了：如果你认为自己的企业能比自己所投资的企业发展更好，为什么不把所有的资金都投入自己的企业，如果你认为自己的企业发展比不上发行股票的那家企业，那为什么不把所有的资金抽出，全部投入到股票市场中呢？

也就是说，每个人都面临着这样的抉择：是相信别人的能力进行金融投资，还是相信自己的能力进行实体创业？

More

比尔·盖茨捡钱

如果地上有100美元，比尔·盖茨会弯腰去捡吗？互联网的一位业内人士"Brad Templeton"为他算了这样一笔账：盖茨每小时赚100万美金，也就是一秒钟赚278美元。如果他弯腰浪费约4秒钟时间去捡钱，就相当于损失了1 112美元——不合算，他肯定不会去捡。

第**9**篇

网络金融

为什么支付宝密码会被盗？现代网上电子商务如此方便，是不是就不再需要传统的金融平台？答案都在这一章。

本章教你：
- ▶ 怎样在网上买东西
- ▶ 什么是电子商务
- ▶ 怎样用 P2P 贷款
- ▶ 怎样利用 O2O 营销模式

网络时代的新金融

互联网自出现以来,逐渐与原有的产业融合,并对许多产业产生了不同的影响。金融业是一个与信息服务高度相关的行业,因而对互联网的敏感度和依赖性都较高。在此基础上,发展出了很多可喜的成果。

▶ 互联网金融

2012年8月,中国投资有限责任公司副总经理谢平发布了《互联网金融模式研究》的报告,首次正式提出了"互联网金融"这一概念。谢平提出,可能出现既不同于商业银行间接融资,也不同于资本市场直接融资的第三种金融融资模式,即"互联网金融模式"。在这种金融模式下,支付便捷,市场信息不对称程度非常低;资金供需双方直接交易,银行、券商和交易所等金融中介都不起作用;可以达到与现在直接和间接融资一样的资源配置效率,并在促进经济增

互联网金融对投资者所设立的门槛比传统模式要低得多,不需要多少专业知识,会上网就行。

三种金融融资模式

金融融资 — 资本市场直接融资 — 企业——资本市场——投资人
金融融资 — 商业银行间接融资 — 企业——商业银行——投资人
金融融资 — 商业银行间接融资 — 企业——互联网——投资人

长的同时,大幅降低交易成本。更重要的是,它是一种更为民主化而非少数精英控制的金融模式,金融业当下的分工和专业化将被大大淡化,市场参与者更为大众化,其巨大效益将更加惠及普通人。

▶什么是网络金融

所谓网络金融,又称电子金融,是指基于金融电子化建设成果在国际互联网上实现的金融活动。包括网络金融机构、网络金融交易、网络金融市场和网络金融监管等方面。

从狭义上讲,网络金融是指在国际互联网上开展的金融业务。包括网络银行、网络证券、网络保险等金融服务及相关内

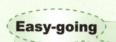

网络金融是适应电子商务发展需要而产生的网络时代的金融运行模式。

互联网金融的内容

以网络技术为支撑的所有金融活动
还包括网络金融安全、网络金融监管等。

在国际互联网上开展的金融业务
网络银行、网络证券、网络保险。

容；从广义上讲，网络金融就是以网络技术为支撑，在全球范围内的所有金融活动的总称，它不仅包括狭义的内容，还包括网络金融安全、网络金融监管等。

网络金融不同于传统的以物理形态存在的金融活动，是存在于电子空间中的金融活动，其存在形态是虚拟化的、运行方式是网络化的。网络金融是信息技术特别是互联网技术飞速发展的产物。

网络金融的发展是网络经济和电子商务发展的内在规律所决定的。完整的电子商务活动一般包括商务信息、资金支付和商品配送3个阶段，即信息流、物流和资金流3个方面。网络技术的发展，特别是网络金融安全、网络金融监管等技术的发展，让资金流也摆脱了对于物理形态的依赖，最终使网络金融破茧而出。

从电子商务到网络金融

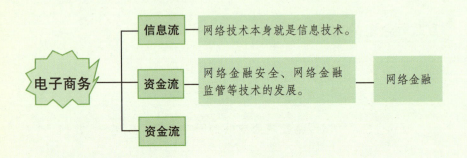

网络金融的特点

作为网络时代的新金融，网络金融最大的特点就是"新"。

1. 业务创新

为了满足客户的需求，扩大市场份额和增强竞争实力，网络金融必须进行业务创新。

这种创新在金融的各个领域都在发生，比如，在信贷业务领域，银行利用互联网上搜索引擎软件，为客户提供适合其个人需要的消费信贷、房屋抵押信贷、信用卡信贷、汽车消费信贷服务；在支付业务项域，新出现的电子账单呈递支付业务，(EBPP, Electronic Bill Presentment & Payment) 通过整合信息系统来管理各式账单 (保险单据、账单、抵押单据、信用卡单据等)；在资本市场上，电子通信网络 (ECNs, Electronic Communication Networks) 为市场参与提供了一个可通过计算机网络直接交换信息和进行金融交易的平台，有了 ECNs，买方和卖方可以通过计算机相互通信来寻找交易的对象，从而有效地消除了经纪人和交易商等传统的金融中介，大大降低了交易

网络金融以客户为中心的性质决定了它的创新性特征。

金融机构的业务创新

	传统的业务模式	互联网时代的业务模式
信贷业务	银行职员向客户推荐他所知道的信贷业务。	银行利用互联网上搜索引擎软件，为客户提供适合其个人需要的信贷服务。
支付业务	银行职员将账单整理之后邮寄给客户。	电子账单呈递支付业务通过整合信息系统来管理各式账单。
资本市场	金融交易买卖双方的经纪人在交易大厅通过手势、喊叫寻找交易的对象。	买方和卖方可以通过计算机相互通信来寻找交易的对象。

费用。

2. 管理创新

管理创新包括两个方面：一方面，金融机构放弃过去那种以单个机构的实力去拓展业务的战略管理思想，充分重视与其他金融机构、信息技术服务商、资讯服务提供商、电子商务网站等的业务合作，达到在市场竞争中实现双赢的局面。另一方面，网络金融机构的内部管理也趋于网络化，传统商业模式下的垂直官僚式管理模式将被一种网络化的扁平的组织结构所取代。

金融机构的管理创新

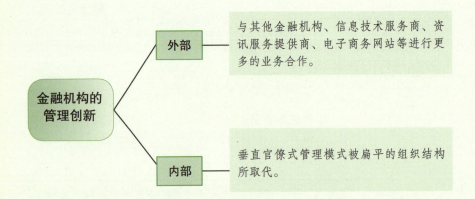

3. 市场创新

由于网络技术的迅猛发展，金融市场本身也开始出现创新。一方面，为了满足客户全球交易的需求和网络世界的竞争新格局，金融市场开始走向国际联合，如2000年之后，众多证券交易所寻求合并和联合。另一方面，迫于竞争压力一些证券交易所都在制定向上市公司转变的战略。因为，作为公开上市的公司，交易所将可以利用股票资金以更富有创意的方式与其他的交易所、发行体、投资者及市场参与者建立战略合伙关系和联盟。

金融市场国际整合大事记

1998年	纳斯达克与美国第三大股票交易所——美国证券交易所合并为Nasdaq—Amex集团公司
1999年	新加坡股票交易所和新加坡国际金融交易所正式合并成为新加坡交易所
2000年	法国巴黎、荷兰阿姆斯特丹、比利时布鲁塞尔3个证券交易所通过合并方式设立了泛欧证券交易所Euronext。 欧洲两大交易所——英国伦敦证券交易所和德国法兰克福证券交易所在伦敦宣布合并，成立国际交易所（InternationalExchange，IX）。 以纽约证券交易所为首，占全球股票交易60%的10家交易所正式宣布结成联盟。 东京证券交易所兼并广岛和新潟两家证券交易所。 以香港联合交易所为主体，联合期货交易所、中央结算所有限公司等合并
2002年	泛欧证券交易所收购了葡萄牙里斯本交易所和伦敦国际金融期货交易所。 德国交易所动用16亿欧元收购了证券信托公司Clear-Stream的全部股份
2007年	纽约证券交易所和泛欧证券交易所成功合并。 东京证券交易所和纽约证券交易所达成合作协议。
2011年	德意志交易所集团（DeutscheBoerseAG）宣布与纽约泛欧交易所集团（NYSEEuronext）合并。 日本东京证券交易所和大阪证券交易所合并。

4. 监管创新

由于信息技术的发展，使网络金融监管呈现自由化和国际合作两方面的特点：一方面过去分业经营和防止垄断的传统金融监管政策被市场开放、业务融合和机构集团化的新模式所取代。另一方面，随着在网络上进行的跨国界金融交易量越发巨大，一国的金融监管部门已经不能完全控制本国的金融市场活动了。因此，国际的金融监管合作就成了网络金融时代监管的新特征。

国内金融监管的创新

传统金融监管政策

分业经营
防止垄断

金融监管新模式

市场开放
业务融合
机构集团化
国际合作

More

我国互联网金融发展的三个阶段

第一个阶段是 2005 年以前，互联网与金融的结合主要体现为互联网为金融机构提供技术支持，帮助银行"把业务搬到网上"，还没有出现真正意义的互联网金融业态。第二个阶段是 2005 年后，网络借贷开始在我国萌芽，第三方支付机构逐渐成长起来，互联网与金融的结合开始从技术领域深入到金融业务领域。这一阶段的标志性事件是 2011 年中国人民银行开始发放第三方支付牌照，第三方支付机构进入了规范发展的轨道。第三个阶段从 2012 年开始，2013 年被称为"互联网金融元年"，是互联网金融得到迅猛发展的一年。自此，P2P 网络借贷平台快速发展，众筹融资平台开始起步，第一家专业网络保险公司获批，一些银行、券商也以互联网为依托，对业务模式进行重组改造，加速建设线上创新型平台，互联网金融的发展进入了新的阶段。

电子货币——今天你用了没有

> 诺贝尔经济学得奖人、耶鲁大学教授罗伯特·席勒在2014年3月接受《纽约时报》的访问中,说:"电子货币能带来货币革命,但不是比特币。"对于比特币,这位诺贝尔经济学奖得主一直认为,其完全就是泡沫。你了解席勒所说的电子货币和比特币吗?

▶ 电子货币

其实,我们很早就已经开始在用电子货币了,我们每个人都有银行卡,银行卡可以从ATM上提取现金,也可以直接在pos机上刷卡付费,这就是一种典型的电子货币。

电子货币相对于现金有很多便捷之处。首先是安全,银行卡如果丢了,我们到银行可以再补办一张;小偷窃取现金,偷走10元,你就少了10元,偷走100元,你就少了100元,但是他即使偷走了里面存了100万元的银行卡,没有密码也是取不出来钱的,如果我们到银行挂失,他就算知道密码也取不出来。其次是方便,现在我们出门的时候,因为嫌麻烦,很少有人喜欢带很多现金,带一张银行卡就行了,甚至银行卡都不用,带上手机就行了。

Easy-going

商务印书馆《英汉证券投资词典》解释"电子货币"这一词条,"英语为:e—money, digital money, e-cash, e-currency, electronic cash, electronic money, electronic wallet。可以在互联网上或通过其他电子通信方式进行支付的手段。这种货币没有物理形态,为持有者的金融信用。随着互联网的高速发展,这种支付办法越来越流行。"

电子货币的特点

电子货币的发行者

电子货币在使用之前,需要用一定金额的现金或存款从发行者处兑换并获得代表相同金额的数据之后,才能使用。而电子货币的发行者除了传统的货币发行者——中央银行之外,很多过去的非货币发行者也能发行电子货币。

有些电子货币的发行者虽然不是中央银行,但是也是银行,例如,银联。然而,有些电子货币的发行者,是过去与银行关系并不大的IT企业,例如,支付宝。更有甚者,有些连IT企业也不是的公司也能成为电子货币的发行者,例如,一些发行购物卡的商场,当然,它们的电

电子货币的分类

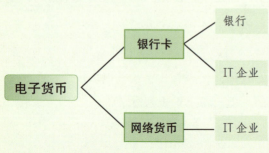

子货币系统也是IT企业帮助开发的。

以上这些还是以银行系统、本位货币为依托所发行的电子货币，有些电子货币甚至脱离了和银行系统、本位货币的联系，而是由发行者自行确定其币值。这类电子货币我们称之为网络货币，或者说是虚拟货币，例如，比特币、Q币等。

实际上银行和信息技术打交道已经是比较久远的了，银行作为资金融通的中介和支付结算的平台，都需要租用IT的系统。

而IT企业想要做金融，也远非今日才开始。比尔·盖茨在20世纪80年代就提出，与其把系统租给商业应用，还不如自己干。

小贴士

IT企业的金融发展

1950年，美国商人弗兰·麦克纳马拉与他的好友施奈德合作投资1万美元，在纽约创立了"大莱俱乐部"。俱乐部向会员们发放了一种能够证明身份的特殊卡片。这时的信用卡就已经有了清楚的现代形式了。它一经创新出来，就广受社会关注。1985年，中国银行珠江分行发行了第一张"中行卡"，开创了中国信用卡发行的先河。

▶ 比特币

比特币的创造者是日裔美国人中本聪。2008年全球金融危机爆发，中本聪提出了比特币的构想：没有一个集中的发行方，而是由网络节点的计算生成，谁都有可能参与制造比特币，而且可以在全世界流通，可以在任意一台接入互联网的电脑上买卖，不管身处何方，任何人都可以挖掘、购买、出售或收取比特币，并且在交易过程中外人无法辨认用户身份信息。

关于比特币的产生，由于涉及高深的计算机和数学知识，所以只做一个简单的比喻。比特币就好比某人给你做一道数学题目，这个题目有

电子货币的分类

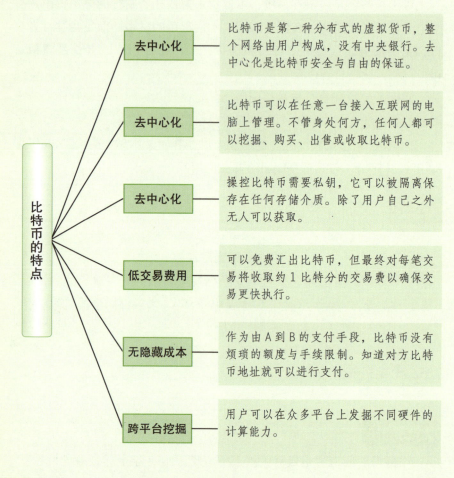

100个答案。比特软件的作用就是通过计算机计算给出这100个答案，假如你计算出来1个答案，就是你得到1个比特币。这个答案是存在你的硬盘里的，也就是说，如果你把硬盘丢了，或是把硬盘格式化了，你的比特币就没了。答案具有唯一性，而且答案的总数也是固定的，假如你计算出这个答案，别人就只能计算出其他答案。有人愿意花钱买这些比特币（也就相当于古代把贝壳当作货币差不多的性质），就产生了交易。

比特币从最初只是在网络发烧友之间使用，发展到被商家、国家作为货币接受，只用了几年时间：

2013年6月底，比特币被德国财政部认定为"记账单位"，这意味着比特币在德国已被视为合法货币，并且可以用来交税和从事贸易活动。

2014年9月9日，美国电商巨头eBay宣布，该公司旗下支付处理子公司Braintree已与比特币交易平台Coinbase达成合作，将开始接受比特币支付。

席勒为什么看不上比特币

席勒认为，比特币完全就是泡沫。他为什么看不上比特币呢？

和以银行系统为依托的银行卡相比，以比特币为代表的网络货币更加新潮。但是，先天的不足让比特币仍然不能独立运行，或者说很难承担起"货币"的角色。

传统货币是以中央银行和国家信誉为担保的法币，而网络货币则由于是不同机构自行开发设计，其担保要依赖于各个发行者自身的信誉和资产。网上各种传说中存在的"刷Q币"的方法大行其道就是一个明显的例子，网络技术再好的公司都不可能达到中央银行的信誉，因为那是国家信誉。

网络货币的使用人群也大大小于传统货币，或者说，他们只在小圈子里使用。相比于比特币，我们更加熟悉的是腾讯公司发行的Q币。作为能够购买腾讯公司各种网络服务的货币，Q币对于腾讯公司网络服务的购买者是有价值的。但是，对于那些没有欲望购买腾讯公司网络服务的消费者来说，Q币就没有任何价值。而这样的问题对于传统货币来说根本就不存在，谁不需要钱呢？

网络货币另一个非常重要的特点就是币值不稳定。在淘宝等各大网络交易平台上，我们都可以看到低价出售Q币的商家，他们的出价都低于腾讯公司的官方定价"1Q币=1元人民币"，而在线下，购买Q币还需要支付"手续费"。这种状况如果出现在传统货币身上，恐怕马上就是国家金融崩溃的局面。

电子货币的分类

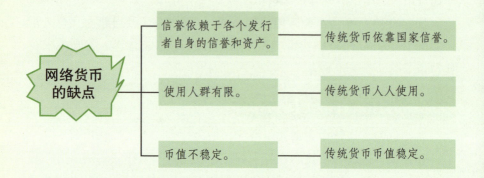

▶魔兽世界金币是不是网络货币

2015年，著名游戏公司、《魔兽世界》的开发者和运营商暴雪公司为数以亿计的全球玩家设计了魔兽世界中的"虚拟货币"——时光徽章。这就出现了一个问题：在时光徽章之前，魔兽世界也是有"金币"的，玩家甚至可以用这些金币购买现实中的东西，例如，充值卡。那么，和时光徽章相比，"金币"到底是不是网络货币？甚至，时光徽章本身是不是网络货币？

我们首先来看看魔兽世界的经济结构，也就是这些"金币"、时光徽章是如何产生的：

玩过《魔兽世界》这个游戏的人都知道，甚至没玩过《魔兽世界》但玩过其他网游的人也知道，"金币"的产生是在打怪或者做任务的过程中得到的。也就是说，这些都是"免费"获得的。虽然，游戏时间需要花钱购买，但是，游戏时间和获得的"金币"之间没有直接联系。所以，我们可以确定"金币"不是货币。

再来看看时光徽章，玩家需要付费购买时光徽章。从目前已有的公开信息来看，中国玩家花费30元人民币，即可购买1个时光徽章，而1个时光徽章的使用价值对应是2700分钟，也就是45小时的游戏时间,即游戏公司提供的服务时间。这一点符合网络货币"用一定金额的现金或存款从发行者处兑换并获得代表相同金额的数据"的定义特征。因此,时光徽章是网络货币。

用"金币"可以购买时光徽章,是不是就意味着"金币"也随之变成了网络货币呢?我们可能会被"金币"表面上具有的价值尺度、流通手段、支付手段、贮藏手段等职能所迷惑。

其实,从暴雪公司发行时光徽章的初衷,我们就可以看出来,"金币"本身对于暴雪公司来说,就是一个数据。和所有的游戏一样,《魔兽世界》的"金币"越来越多,这个数据越来越大,负担也越来越大,但是,回收"金币"的渠道则极为有限。出于回收"金币",并打击线下交易的目的,暴雪公司推出了"时光徽章",目的就是以此为媒介,平衡"金币"的产出和回收。也就是说,即使"金币"曾经有过虚拟货币的地位,现在也被时光徽章取代了。

"金币"和"时光徽章"

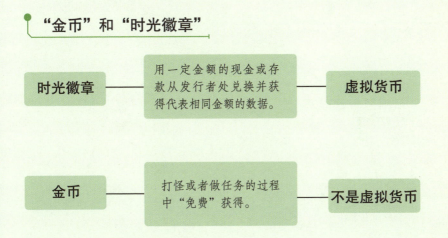

网络金融在中国

在中国，对于新兴的网络金融行业而言，用"野蛮生长"来形容一点也不夸张。与此相关的网络业务包括：P2P网络贷款、众筹融资、第三方支付等各种新兴互联网金融业务，以及它们带来的一系列问题与争议。余额宝的横空出世更成为具有里程碑意义的事件。

▶ 网络支付在中国

随着中国经济、金融改革的不断深化，在互联网快速发展普及以及电子商务活动逐渐兴起的条件下，中国网络支付在过去的15年中以其

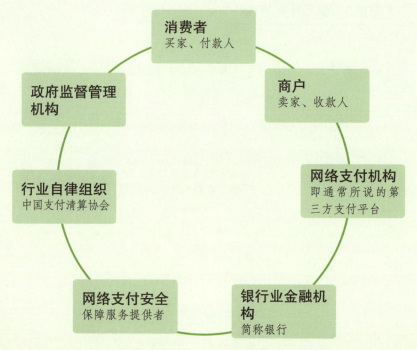

> **小贴士**
>
> **中国支付清算协会**
>
> 中国支付清算协会是经国务院同意、民政部批准成立的非营利性社会团体法人。协会以促进会员单位实现共同利益为宗旨,对支付清算服务行业进行自律管理,维护支付清算服务市场的竞争秩序和会员的合法权益,防范支付清算服务风险,促进支付清算服务行业健康发展。协会业务主管单位为中国人民银行。
>
> 2011年5月6日,中国支付清算协会第一次会员代表大会(即发起人大会)在北京召开。来自全国各银行机构、财务公司、经有关机关批准的特许机构以及非金融支付服务机构的164位代表出席了本次大会。

超常规的快速增长吸引了越来越多的目光和越来越多的参与者。时至今日,基于互联网公共网络平台的网络支付体系已经发展成为一个包含商户、商业银行、网络支付机构和消费者等在内的产业链。

从电子商务以及支付手段的发展来看,中国的网络支付可以分为C2C电商阶段、B2C电商阶段、移动电商和O2O电商4个阶段。

中国网络支付的发展势头非常迅猛。

从支付服务提供方来看,截至2013年2月,中国人民银行共发放7批从事支付服务的特定非金融机构牌照,累计223张。

从支付服务需求方来看,根据《2012年中国网络支付安全状况报告》显示,截至2012年6月,中国使用网上支付的用户规模达到1.87亿人,在网民中的渗透率为34.8%。从艾瑞咨询发布的第三方支付行业年度数据来看,2012年中国第三方支付市场整体交易规模达12.9万亿,同比增长54.2%。

中国网络支付的发展

发展阶段	内容	标志性事件
C2C电商阶段	C2C即消费者间，因为英文中的2的发音同to，所以C to C简写为C2C。c指的是消费者，因为消费者的英文单词是Customer（Consumer），所以简写为C，而C2C即Customer（Consumer）to Customer（Consumer）。C2C的意思就是个人与个人之间的电子商务。比如，一个消费者有一台电脑，通过网络进行交易，把它出售给另外一个消费者，此种交易类型就称为C2C电子商务	1999年，邵亦波创立易趣网，创中国C2C先河
B2C电商阶段	B2C是Business-to-Customer的缩写，就是通常说的直接面向消费者销售产品和服务商业零售模式。这种形式的电子商务一般以网络零售业为主，主要借助于互联网开展在线销售活动。B2C即企业通过互联网为消费者提供一个新型的购物环境——网上商店，消费者通过网络在网上购物、网上支付等消费行为	2008年，淘宝网建立淘宝商城，创中国B2C先河
移动电商阶段	移动电子商务就是利用手机、PDA及掌上电脑等无线终端进行的B2B、B2C、C2C或O2O的电子商务。它将因特网、移动通信技术、短距离通信技术及其他信息处理技术完美的结合，使人们可以在任何时间、任何地点进行各种商贸活动，实现随时随地、线上线下的购物与交易、在线电子支付以及各种交易活动、商务活动、金融活动和相关的综合服务活动等	随着3G的普及和4G网络的引入，中国进入移动电商时代
O2O电商阶段	O2O即Online To Offline（在线离线/线上到线下），是指将线下的商务机会与互联网结合，让互联网成为线下交易的前台，这个概念最早来源于美国。O2O的概念非常广泛，既可涉及线上，又可涉及线下,可以通称为O2O	2013年，苏宁线上线下同价，揭开了O2O模式的序幕。

▶网络信贷在中国

借助互联网的优势，网上贷款也正在成为一种趋势，贷款人可以足不出户地完成贷款申请的各项步骤。包括了解各类贷款的申请条件，准备申请材料，一直到递交贷款申请，都可以在互联网上高效地完成。与之相应的，一批网上贷款平台的兴起，也为网上贷款的普及与推广做出了很大的贡献。

网络贷款也分为 B2C 和 P2P 两种模式：

B2C 模式的 B 一般指银行，有些网站也提供贷款公司的产品。一般的网络 B2C 贷款都依托网络贷款平台完成贷前工作，根据规则不同，有些还需要申请人去银行线下办理。B2C 模式受地域限制，因为，其业务主体都是有地域限制的机构，覆盖面还有待拓展。

Easy-going

目前，因为盈利困难，B2C 模式的网络信贷在中国几乎已经不存在了。而 P2P 模式的网络信贷则一直保持着兴旺发达的势头。

P2P 模式的 P 为 Peer 的缩写，一般指个人。P2P 借贷指个人通过第三方平台、在收取一定服务费用的前提下，向其他个人提供小额借贷的金融模式。

中国网络支付的发展

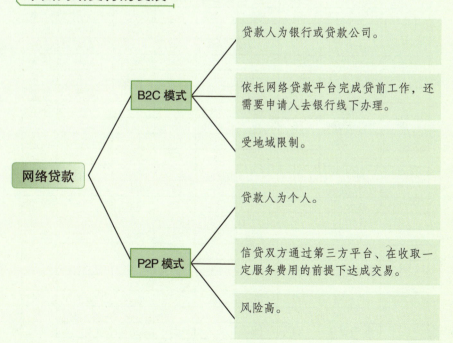

截至2014年年底,我国网络信贷运营平台达1 575家,全年累计成交金额为2 528亿元,是2013年的2.39倍,网络信贷行业成交量以月均10.99%的速度增加。截至2014年12月底,我国网络信贷行业总体贷款余额达1 036亿元,是2013年的3.87倍,陆金所、红岭创投和人人贷位居前三位。收益率方面,2014年网络信贷总体综合收益率为17.86%,随着央行降息和降准的影响,在2014年12月底收益率下滑至16.08%,但相比其他投资渠道,网络信贷平台的收益率仍具有很强的吸引力。另外,从参与人数来看,2014年网络信贷行业投资人数与借款人数分别达116万人和63万人,较2013年分别增加364%和320%,表明市场参与度大幅提升。

2014年中国主要P2P平台金融风险评级结果(节选)

总排名	平台名称	风险评分	风险等级	信用风险等级	操作风险等级	法律合规风险	流动性风险等级	所在地区
1	陆金所	89	AA+	A	AAA	AAA	AAA	上海
2	人人贷	83	AA-	BBB	AA-	AAA	AAA	北京
3	拍拍贷	81	AA-	BBB	BB	AAA	AAA	上海
3	合拍在线	81	AA-	A	A-	AA+	AA+	深圳
3	玖富金融	81	AA-	BB+	BBB	AAA	AAA	北京
6	温州贷	77	A+	BBB	BBB	AA+	AA+	浙江
6	投哪网	77	A+	BB	A	AAA	AA	深圳
8	圈圈贷	76	A	A-	A-	AA+	A-	广州
9	新新贷	75	A	BB+	A-	AA+	A	上海
10	一起好	75	A-	BB+	BB	AA+	AA-	湖北
10	易通货	75	A-	BBB	BBB	AA+	AA-	北京
12	红岭创投	72	A-	BB	BBB	A	AA+	深圳
12	易贷网	72	A-	B-	A	AA+	AA+	四川
12	和信贷	72	A-	BBB	A	A	A+	北京
12	搜易贷	72	A-	BB	A	AAA	BBB	北京
...								
68	盛融在线	60	BB	BB	B-	A	BB	广东
...								
75	易网贷	59	BB	BB	B-	AA+	B-	山东
...								
96	鼎玉财富	53	BB	B-	B-	A	B-	四川

> 小贴士

网贷公司纳入征信系统

2015年2月4日,央行征信中心称,为帮助P2P网贷公司实现信贷信息共享、防范信用风险,征信中心通过下属上海资信有限公司建成网络金融征信系统。截至2014年12月末,共接入网贷机构370家,收录客户52.4万人。

网贷公司纳入征信系统,表明政府对P2P网贷行业发展的逐渐认可,为其后续发展提供了重要的良好政策环境。

其中,盛融在线已于2015年2月11日发生运营问题;易网贷已于2015年3月1日发生运营问题;鼎玉财富已于2015年2月2日发生运营问题。(出自《中国网络信贷行业发展报告(2014—2015)——P2P网贷平台风险评级与分析》)

网络信贷虽然有着高收益和手续简便的优点,但是,也有高风险和缺乏有效监管手段的缺点,最重要的一点是缺乏法律依据,一般法律处理视为网络版的民间借贷中介。截至2014年,中国还没有专门针对个人对个人贷款的法律条文,更不用说网络信贷了。

互联网理财在中国

2013年6月13日,余额宝横空出世,这是中国网络金融具有里程碑意义的事件。其无投资门槛、当日赎回到账的特点,截然不同于传统的银行金融业务,很快就吸引到了海量的普通投资者。上线仅9个月左右的时间,

Easy-going

马云说,余额宝死了也光荣。——"如果有一天余额宝的利率和银行的存款利率并轨了,即便余额宝的使命真的终止了,它已经发挥了很好的作用。"

余额宝的总规模就从 66 亿猛涨至 5 200 亿，创造了平均每天增长 51.85 亿元的"奇迹"。

互联网企业纷纷上线了金融业务，布局新金融的版图。除阿里巴巴之外，包括京东、苏宁、百度等在内的多个电商企业均已进军贷款业务领域。而互联网巨头进军小贷均是基于"生态圈"的布局。有人甚至预言，中国储户会将存在银行多年的积蓄大搬家，搬到互联网金融机构。因此，围绕着"余额宝"展开了一系列的交锋。

银行存款的利息赶不上物价上涨，把钱存在银行里意味着贬值。投入到余额宝里，没有购买门槛，收益还多，提取还方便，何乐而不为？余额宝短期内吸金 4 000 亿元，互联网金融让银行 2014 年 1 月份存款掉了 9 000 多亿元，这些都是市场"用脚投票"的结果。

余额宝之争

2014年2月21日，凤凰网、搜悦等媒体报道，央视证券资讯频道执行总编辑兼首席新闻评论员钮文新指责余额宝是趴在银行身上的"吸血鬼"、典型的"金融寄生虫"，并主张取缔余额宝。

2014年2月24日，支付宝在官方博文《记一个难忘的周末》当中回应称，余额宝利润仅0.63%，并非钮文新所称的2%。

2014年3月4日，中国人民银行行长周小川表示：不会取缔余额宝，对余额宝等金融业务的监管政策会更加完善；副行长易纲表示：要支持容忍余额宝等金融产品创新；副行长潘功胜表示：互联网金融可以扩大对小微企业的供给，拓宽老百姓投资渠道，提高交易效率，降低交易成本。

2014年12月27日，中国人民银行发文，将部分原属于同业存款项下存款纳入各项存款范围。这意味着，"余额宝"等各类存放在银行的货币基金也要被计作存款、需要缴纳存款准备金，由此导致收益下行；不过目前这类存款的存款准备金率暂时为零。

网络金融使金融业变得更脆弱

从某种意义上来说，网络金融的兴起使得金融业变得更加脆弱，网络金融所带来的风险大致可分为两类：基于网络信息技术导致的技术风险和基于网络金融业务特征导致的经济风险。

▶网络金融的技术风险

首先，信息泄露风险。互联网金融的一大基础，是在大数据基础上进行数据挖掘和分析，对客户行为进行分析，但同时也对客户信息

小贴士

支付宝被盗刷事件

2013年12月11日晚，广东开平一家网店店主阿华收到手机短信提示，他与支付宝账号捆绑的手机号码已经被更改。然后，阿华发现他的支付宝半小时被盗刷6.3万元。冻结账户后，阿华在第二天报警，支付宝方面也答复会按照支付宝和余额宝的相关规定给予处理，在3个工作日后给予答复。

19日下午5时左右，阿华收到支付宝方面6万多元的赔付款。

支付宝方面通报称，从盗刷的记录来看，阿华账户的交易环境与原来的交易环境并没有什么区别。基于对被盗交易及操作情况的数据分析，结合阿华本人的描述，阿华的支付宝账户被盗是由于电脑中了木马，而木马中毒应该在发生盗刷前4小时。不法分子通过木马远程操控了阿华的电脑，将阿华支付宝账号绑定的手机号码进行修改，致使阿华自己的手机无法再收到支付交易的短信校验码。随后，不法分子快速通过消费，分多次盗用阿华的余额宝资金。

网购时，哪些环节会造成信息泄露

环节	泄露方式
从卖家网站里盗取买家个人信息	骗子通过木马软件登陆卖家的账号信息后，就可以将卖家店铺内的所有买家个人信息批量导出，包括买家的姓名、收货地址、电话号码，商品名称、买家信誉等级等
卖家植入的木马程序链接或图片	卖家给买家发来真人实拍图或其他不明链接，这些真人实拍图或链接很有可能就是一个木马程序，会在电脑中偷偷运行，从而轻而易举盗走你的银行账号、密码及其他隐私
链接进入虚假页面	骗子会在网上伪装成卖家以低价吸引消费者，然后骗子会在QQ上说因为要改价格，要求消费者接收链接。消费者打开输入银行账号、密码后就会在付款页面显示："支付失败。该银行支付功能升级维护中，请使用其他网上银行进行支付。"其实，消费者点击链接进入的其实就是骗子事先做的虚假页面，当进行支付操作的时候，密码信息就被骗子掌控。
网购平台订单信息被不法窃取	骗子利用恶意软件，通过网购平台系统存在的漏洞获取了买家的购物信息，导致用户的信息被泄露，从而导致账户被盗刷或者被骗。黑客通过搜索引擎，不用账号、密码，可直接获取用户的隐私，内容包括账户余额、交易记录、收货地址、姓名、手机号码等敏感信息
快递信息泄露	一条快递单信息的流转需要经过多个环节，每一个环节都存在信息泄露风险。快递发出时会生成一张印有发件人和收件人个人信息的"面单"，共4份，发件人、收件人、营业厅、投递员各持有1份，这些单号就成了信息泄露的隐患。即使收、寄件人将个人的"面单"销毁，也存在其他环节的信息泄露。快递"面单"所记录的用户信息更为翔实，如若泄露所造成的社会危害更大

和交易记录的保护提出了巨大的挑战。一些交易平台并未建立保护客户信息的完善机制，这些信息一旦泄露会给交易平台和客户带来巨大的风险。

其次技术安全风险，即IT系统安全风险。由于互联网金融依托的是计算机网络，网络系统自身的缺陷、管理漏洞、计算机病毒、黑客攻击等都会引起技术安全风险。

网络金融的经济风险

由于对互联网的完全依赖，网络金融有着基于自身业务特征导致的经济风险。

第一，流动性风险。近年来，"第三方支付加基金类"的产品不断涌现，比如余额宝。但当中也蕴藏着期限错配的风险，也蕴藏着货币市场波动、出现投资者大量赎回的风险。

第二，信用风险。由于网上"刷信用""改评价"的行为仍然存在，网络数据的真实性、可靠性会受到影响。另外，部分互联网平台缺乏长期的数据积累，风险计量模型的科学性也有待验证。所以，在互联网金融领域，信息不对称依旧存在。

网络金融的经济风险

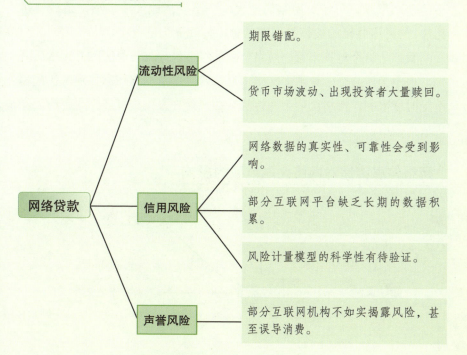

第三，声誉风险。部分互联网机构用所谓的"预期高收益"来吸引消费者，推出高收益、实则也有风险的产品，但却不如实揭露风险，甚至误导消费者。

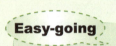

高回报一向是与高风险挂钩的，但是投资者往往容易忽视这一点，而更有专业知识的金融机构往往回避对风险的说明。

网络金融的经济风险并不是单独存在的，往往是纠缠在一起的。部分互联网机构融资之初，用高额的"预期收益"来吸引人气，只说好的不说坏的，先把钱弄到手再说。它们的信用来源不是依赖长期的市场口碑，而是许多外加的光环，而且它们的投资者也会帮助它们推波助澜。当投资者的投资不能转化为收益，就是它们光环褪去的时候了，而且，很多时候问题往往并不是那么严重，可经过网络的放大，一下子形成大波风潮，造成"挤兑"，结果这些机构被搞得伤筋动骨，彻底无力回天了。

我们从这个过程来看，网络金融的经济风险与传统金融并无本质区别，但由于网络金融是基于网络信息技术，由于网络信息传递的快捷和不受时空限制，网络金融会使传统金融风险在发生程度和作用范围上产生放大效应。

网络信息传递对网络金融风险的影响

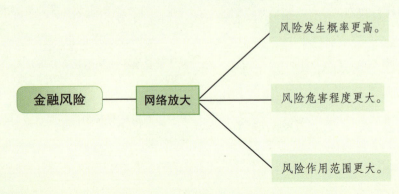

网络金融路在何方

中国网络金融现在面临的情况有两个：传统的金融业企业——商业银行正在探索一个合理的互联网金融模式，阿里巴巴互联网金融模式已经成为其他非传统金融企业超越的目标。这种"外行领跑"的情况下，中国网络金融的出路在哪里？

▶ 中国网络金融存在的问题

中国网络金融虽然成果喜人，但是也存在很多问题：

一方面，中国网络金融本身的情况存在很多问题，经营水平不高，没有进行有效的统一规划。

首先，没有纯粹的网上金融机构，现有网上业务规模不大。有无纯粹的网上金融机构是判断一国网络金融发展程度高低的标准之一。我国尚无纯粹的网上金融机构，网上服务大多通过金融机构自己的网站和网页提供，业务规模有限，收入水平不高，基本上还是处于亏损状况。

中国网络金融机构自身的问题

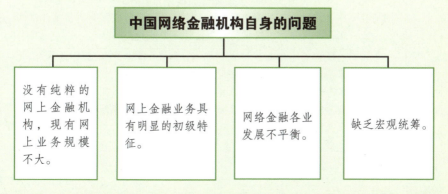

其次,网上金融业务具有明显的初级特征。我国的网络金融产品和服务大多是将传统业务简单地"搬"上网,更多地把网络看成是一种销售方式或渠道,忽视了网络金融产品及服务的创新潜力。

再次,网络金融各业发展不平衡。银行业、证券业的网络化程度大大高于保险业及信托业,这种结构的不平衡,不仅影响到网络金融业的整体推进,还有可能会影响网络金融的稳定及健康发展。

最后,我国网络金融的发展缺乏宏观统筹。各金融机构在发展模式选择、电子设备投入、网络建设诸方面不仅各行其道,甚至还相互保密、相互设防,造成信息、技术、资金的浪费和内部结构的畸形,不仅不利于形成网络金融的发展,还有可能埋下金融业不稳定的因素。

另一方面,中国网络金融在观念和体制上存在的问题比它们自身的问题更严重。

从体制上来说,我国实行的分业经营体制、滞后的立法工作给网

中外网络金融立法比较

国家	时间	立法行为
美国	20世纪90年代	颁布了《数字签名法》《统一电子交易法》等法律,解决了电子签名和电子支付的合法性问题
英国	2000年5月(施行)	《电子通信法案》确定了电子签名和电子证书的法律地位,为网络金融的发展扫清了障碍
中国	2000年	只有《网上证券委托暂行管理办法》《证券公司网上委托业务核准程序》《关于鼓励利用INTERNET进行交易条例》等几部法规,并且涉及的仅仅是网上证券业务的一小部分
中国	2014年	提出了一份互联网立法规划,包括5部法律和2部行政法规。5部法律为《网络安全法》《电子商务法》《电信法》《互联网信息服务法》和《个人信息保护法》,2部法规为《电子政务条例》和《未成年人网络保护条例》。目前,多部法律法规已进入立法程序,《网络安全法》被列入十二届人大五年立法规划,电子商务法已完成4部立法大纲

络金融的发展和风险控制带来了很大的隐患。

我国金融业实行的是严格的分业经营体制，这种体制在传统金融体系下可以极大降低风险，但是在网络时代，网络金融各业只能在自己的业务范围内开展，削弱了它们的发展潜力，影响甚至抑制了我国网络金融的演进。

而滞后的立法工作更是让"有法可依"在网络金融领域成了一句空话。仅对个人信息保护，就必须从200多部法律、法规、地方性法规之中寻找法律依据。

从观念上来说，我们很多网络金融机构对于商业模式的思考和探索很多，但是，却少有人关心如何保护自己的商业成果。

小贴士

中国网络金融的专利缺失

从1996年起，花旗银行已向中国国家专利局申请了19项"商业方法类"发明专利，这些已申请专利多是配合新兴网络技术或电子技术而开发的金融服务和系统方法，目的是为了控制电子银行的核心技术，树立网上银行的领导地位。

尽管中国尚未批准其申请的任何一项专利，但是，根据专利申请"先申请先授权"的原则，一旦中国通过相关的法律，允许申请此类专利，中资银行进入某些市场将面临困难，要么缴纳较高的专利费，要么被迫退出，甚至不得不支付罚款。

即便中国不授权此类专利，当中资银行进入美国或者其他国际市场时，则必须面对花旗的专利壁垒。

截至2001年，花旗银行总共取得的64项美国专利中，与网上银行相关的商业方法专利占了2/3。而中资金融机构对金融产品专利保护尚无概念，更谈不上制定相关的专利战略了。

中国网络金融的发展对策

针对网络金融的发展问题,我们可以采取相应的对策,改善目前的情况:

国际应开展合作,共同打击网络金融犯罪。

1. 确立传统金融与网络金融并行发展的战略

从传统的金融发展到网络金融是一个漫长的过程,不是一蹴而就的事。在相当长的一段时间内,将会是传统金融与网络金融并行发展的阶段。

2. 建立专门的指导和管理机构

因为网络金融是一个综合集成的系统,它的规划、管理要求国家有关部门和金融机构、IT界通力合作,进行科学的、强有力的干预和导向。

由银监会牵头,鼓励所有银行参加,统一制定一套关于网上银行业务结算、电子设备使用等的规范标准,以便实现与国际金融业的接轨,建立与网络金融统一的技术标准。

确立统一的发展规划和技术标准,才有利于统一监管,增强网络金融系统内的协调性,减少支付结算风险,并有利于其他风险的监测。尽快熟悉和掌握国际上有关计算机网络安全的标准和规范,如掌握和应用国际ISO对银行业务交易系统的安全体系结构等,制定一套较为完整的国际标准,以便中国网络银行在风险防范上与国际接轨。

3. 加快网络金融立法

对于立法滞后的问题,需要通过改变目前一些相关法律法规太笼统、缺乏操作性的现状,对各种信息主体的权利、义务和法律责任,做出明晰的法律界定。改善网络经济发展的制度环境,就包括创造良好的法律环境,制定与因特网及网络经济发展相关的法律,在消费者保护、知识产权、青少年和儿童的保护以及网上交易的税收问题、关税问题、网上金融活动、保险活动方面应做出相应的法律规定。

4. 造就复合型金融人才

建议国家逐步实现全民网络教育，使所有高等学校、成人高等学校、中等专业学校、中小学都进行不同程度的网络教育，并且国家出资重点帮助贫困地区的中小学实现计算机与网络教育。不仅如此，还要积极培养大量计算机、网络通信人才，扩大该类专业招生规模，增加网络技能培训时间，并将网络作为各类学生、国家公务员及公共机构人员的必修课，鼓励社会培育各类网络经济专业人才，也鼓励国外学校、机构或公司在中国培训专业人才；吸引和鼓励海外留学人员回国传播网络技术，创办网络公司；国家及地方所办电视台、广播电台、报纸期刊应进一步开辟网络教育课程或专题。在全国范围内迅速传播网络知识、网络技术应用的基本常识。

5. 改革分业管理体制

发展网络银行是商业银行未来的发展趋势。网络银行的出现，表明分业经营和分业管理已经变得非常困难，传统商业银行面临的竞争不仅仅局限于业内。因此，需要改革目前的银行分业管理体制。

中外网络金融立法比较

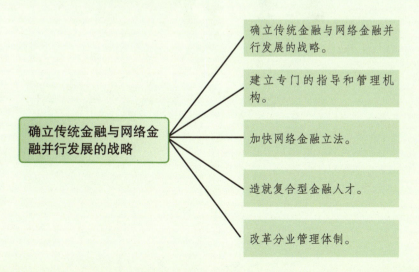